国家自然科学基金重点项目（41530751）

国家社会科学基金重大课题（2015MZD039）

"一带一路"

引领包容性全球化

刘卫东 著

商务印书馆
创于1897 The Commercial Press

2018年·北京

图书在版编目（CIP）数据

一带一路：引领包容性全球化 / 刘卫东著. —北京：商务印书馆，2018（2018.3 重印）

ISBN 978 - 7 - 100 - 15301 - 0

Ⅰ.①一… Ⅱ.①刘… Ⅲ."一带一路"—国际合作—研究 Ⅳ.①F125

中国版本图书馆 CIP 数据核字（2017）第 223178 号

"一带一路"——引领包容性全球化

刘卫东　著

商 务 印 书 馆 出 版
（北京王府井大街36号　邮政编码100710）
商 务 印 书 馆 发 行
北京市十月印刷有限公司印刷
ISBN 978 - 7 - 100 - 15301 - 0

2017 年 9 月第 1 版　　　开本 787×1092　1/16
2018 年 3 月北京第 2 次印刷　印张　13
定价：68.00 元

前　言

　　2017 年 5 月 14～15 日，我国成功举办了"一带一路"国际合作高峰论坛。来自 110 多个国家和 70 个国际组织的 1 500 位嘉宾参加了论坛，包括 29 位外国元首或政府首脑，近百位外国政府部长级以上高官，60 个国际组织的第一负责人，让这次高峰论坛成为 1949 年以来我国举办的规模最大、级别最高的主场外交活动，把"一带一路"建设推向了一个新的高度。在高峰论坛期间举办的圆桌峰会上，30 位国家首脑和联合国、世界银行、国际货币基金组织负责人达成广泛共识，共同签署了《"一带一路"国际合作高峰论坛圆桌峰会联合公报》（以下简称《联合公报》）。《联合公报》指出，"一带一路"倡议为各国深化合作、共同应对全球挑战提供了重要机遇，有助于推动实现开放、包容和普惠的全球化。

　　在高峰论坛上，很多国家首脑在演讲中都指出，"一带一路"建设具有强大的包容性，将让更多的地区分享全球化的好处。例如，巴基斯坦总理谢里夫认为，"一带一路"倡议表现出强大的文化多元性和包容性，为处于全球化边缘的人们提供了发展机遇。法国前总理德维尔潘认为，"一带一路"建设是联通古今、通向未来的桥梁，旨在发展的道路上"不让一个人掉队"。智利总统巴切莱特、土耳其总统埃尔多安、捷克总统泽曼、埃塞俄比亚总统穆拉图等都表达了同样的期待。联合国秘书长古特雷斯在高峰论坛前夕接受中央电视台采访时指出，"一带一路"非常重要，能够把世界团结在一起，促进全球化朝着更公平的方向发展。《联合公报》则提出推动"自由包容性贸易"。可以说，推动"包容性全球化"是在本次高峰论坛上各国首脑达成的重要共识之一。

经济全球化是过去三四十年全球经济发展和世界格局改变的主要动力机制，既推动了世界经济整体增长，也带来了非常突出的发展不平衡和社会极化问题。经济全球化是市场力量、技术进步和制度因素共同作用下产生的一种历史性现象，其根基是新自由主义思想。当前，越来越多的政治家和学者认识到新自由主义旗帜下经济全球化的局限性及其对全球可持续发展带来的危害，主张世界需要新型全球化。在这种大背景下，基于"丝路精神"的共建"一带一路"倡议为推动经济全球化治理机制改革和深入发展提供了新的思维，将引领包容性全球化。所谓"包容性全球化"是针对新自由主义全球化而言的，是全球经济治理的新思维和新模式；本书在多处对这个概念进行了阐述，这里不再赘述。

"包容性全球化"是笔者在 2015 年 5 月发表的"'一带一路'战略的科学内涵与科学问题"（本书收录了此文）一文中提出的理论概念。"'一带一路'……是推动经济全球化深入发展的一个重要框架……不是简单地延续以往的经济全球化，而是全球化的一种新的表现形式，突出特征是融入了'丝绸之路'

的文化内涵。简单地讲，'一带一路'是包容性全球化的表现"。
2016 年 1 月，在应邀为《国家行政学院学报》撰写的"'一带一路'战略的认识误区"一文中，笔者提出"'一带一路'是包容性全球化的倡议，将开启包容性全球化的新时代"。2016 年 11 月，与 Michael Dunford 合作，笔者又在 *Area Development and Policy* 上发表了题为 Inclusive Globalization: Unpacking China's Belt and Road Initiative 的论文，进一步阐述了"一带一路"倡议就是包容性全球化的体现。2017 年 4 月，在为《中国科学院院刊》组织的"一带一路"研究专辑中，笔者发表了题为"'一带一路'引领包容性全球化"的论文。此外，在 2017 年 1 月出版的《"一带一路"战略研究》中，也阐述包容性全球化的理念和内涵。在数十次国内外学术研讨会上，以及大量媒体记者专访中，笔者也不断地阐述包容性全球化的理念。值得高兴的是，包容性全球化正在得到越来越多学者的认同。特别是，通过十数次向国外学者和官员解读"一带一路"倡议，笔者发现，包容性全球化这个概念可以让他们更易于理解"一带一路"的精髓。

　　当然，"包容性全球化"还是一个崭新的理论概念，需要学术界共同去深入研究，完善其理论内涵。正因如此，在商务印书馆的大力协助下，笔者将过去三年里自己有关"一带一路"与"包容性全球化"的著作章节、论文和媒体专访集结成册，抛砖引玉，以期为今后的研究提供一个商讨的"靶子"。

　　相对于"一带一路"建设已经产生的国际影响和所取得的良好进展而言，相关学术研究尚显滞后。可以说，实践走在了学术研究和理论研究的前面。一方面，学术界尚未形成完整的学术话语体系来支撑"一带一路"建设，国内外各种解读和各种声音不断涌现，其中不乏曲解和误解，甚至抹黑；另一方面，我国对"一带一路"沿线国家的研究还很不充分，包括地理环境特点、社会经济结构、法律制度、经商环境、宗教文化等，难以支撑企业"走出去"。解决这些问题，有待学术界长期、共同的努力。在参加完 2016 年 8 月 17 日举行的中央推进"一带一路"建设工作座谈会后，习近平总书记在与笔者握手时专门叮嘱道"加强研究"。笔者想用这四个字与学术界同仁共勉！

刘卫东

2017 年 7 月 13 日

目　　录

第一章　丝绸之路与丝路精神[*]

　　"丝绸之路经济带"和"21世纪海上丝绸之路"都使用了"丝绸之路"这个概念。这让"丝绸之路"这个略带历史厚重感的学术名词走到了决策的核心以及舆论的核心。尽管很多人将丝绸之路视为具体的历史现象，例如古代贸易线路、历史遗迹、文物等，但"一带一路"使用丝绸之路并非在于这些具象，而是使用了丝绸之路的历史文化内涵，或者称之为"丝路精神"。这也正是《推动共建丝绸之路经济带和21世纪海上丝绸之路的愿景与行动》（以下简称《愿景与行动》）中提到的核心理念："和平、发展、合作、共赢"。另外，丝绸之路看似是一个有关中国的"传说"，但实质上它是欧亚大陆乃至非洲很多国家所共享的一个历史文化遗产。"一带一路"利用"丝绸之路"这个历史文化遗产（即"丝路精神"），为沿线国家的当代经贸合作提供了历史渊源，以及可以借鉴的合作精神和模式。

　　人类的跨境长途贸易已经存在了数千年。有记载的古代长途贸易最早可以追溯到公元前3000年左右，主要发生在美索不

＊　感谢范毓婷和宋涛提供素材。

达米亚和印度河流域文明。这一阶段贸易的商品主要是古代奢侈品，如香料、纺织品和贵金属等。众多古代国际城市得以兴盛，就是因为它们在区域贸易网络中处于核心节点位置。这些城市是香料、纺织品、珠宝、礼服等奢侈商品的富集地，能满足其他周边地区购买上述商品的需求。例如，公元前2000年左右，塞浦路斯以纸莎草和羊毛丰富而闻名，已经成为地中海东部沿岸地区和埃及的贸易中心。以航海闻名的腓尼基，在香柏木和亚麻布染料的贸易中逐渐成为地中海的核心。而横跨欧亚大陆的"丝绸之路"则是古代跨境贸易和文化交流的代表和象征。或许可以说，"丝绸之路"在一定程度上就是古代版的"全球化"。

"丝绸之路"指从古代开始陆续形成，遍及欧亚大陆甚至包括北非和东非在内的长途商业贸易和文化交流线路的总称。丝绸之路的出现是古代中国与其他国家、民族之间物质和精神文化交往的产物，是东西方文明相互撞击的结果，亦是历史上中华民族充满开拓精神的记载。在历史上，它将东西文化联系起来，丰富了丝路沿线各个民族、国家的物质生活，推动了世界文明的进程。回顾2000多年的历史，丝绸之路不是固定的贸易线路，而是东西方交往的"桥梁"，它的具体线路随着地理环境变化和政治、宗教形势的演变不断发生变化。它的开通与繁荣，从政治、经济、文化等方面推动了世界上很大一部分人口最稠密地区社会经济的发展。丝绸之路的历史就是沿途各国、各民族、各地区往来交流的历史，是彼此之间的商品交换、贸易往来和文化交流，沿途各国各民族各地区都受惠其中。

丝绸之路的产生有着深厚的经济和文化基础，是人类文明高度发展的结晶和产物。沿线各地各民族经济和文化的高度发展为它的产生提供了基础；没有沿途东西方古代文明的产生和发展，就不可能有丝绸之路的出现。沿线各国经济文化综合力量的高度发展为丝绸之路的产生和开通创造了物质基础，而自然禀赋和经济的差异使各地区人民之间产生了强烈的物质和文化交流的愿望和需求。

政治因素对丝绸之路发展也产生了重大的影响。中国一些朝代对开通丝绸之路往往采取更加主动的政策和措施，而沿线各个大国的兴盛和发展也对丝绸之路的形成和畅通起到了重要作用。其中，西汉时期张骞两次出使西域，东汉时期班超、班勇父子对西域及中亚、西亚的经营，北魏时期多次派使者如韩羊皮等出使中亚、波斯，隋唐时期对西域、中亚、西亚的经营等，都对丝绸之路的开拓和畅通发挥了重要作用。

技术的发展也是丝绸之路发展和变迁的重要影响因素。随着造船技术和航海技术的发展，海运的安全性和成本都有较大改善，从而成为国家之间贸易的主要方式。自南宋建都于东南的杭州之后，古代中国经济、产业、文化重心向沿海转移，加之海运技术的发展，海上丝绸之路逐步繁盛起来。郑和下西洋，是海上丝绸之路繁荣的标志。海上丝绸之路形成的贸易发达程度，远远超过了骑着骆驼在沙漠中行进的陆上丝绸之路时代。

一、"丝绸之路"名词的起源

自 13 世纪末《马可波罗游记》在欧洲出版后，中国和东方的神话立刻激起了欧洲人的向往；寻找"约翰长老国"的传教士们大量关于中国的著述，更在欧洲引发了中国热。从公元前流传的"赛里斯国""秦尼""摩珂秦尼"，到富饶的"桃花石""约翰长老国"，西方对于中国和通往东方道路的向往不断加强。19世纪的丝绸之路探险正是这一传统的继续。19世纪以前，人们对东西方文化交流的认识比较浅显，对于丝绸之路作为亚欧经济文化交流大动脉、中西交通的重要商路的性质和意义的理解更是比较模糊。19世纪之后的探险考察勾勒出了丝绸之路的基本路线。

"丝绸之路"一词的首创者是近代德国地理学家费尔迪南·冯·李希霍芬（Ferdinand von Richthofen，1833～1905年）。1860年，李希霍芬曾随德国经济使团访问远东地区。之后，自1868年开始，他在中国进行了为期近4年的地质地理考察。回到德国后，李希霍芬先后出任柏林国际地理学会会长、柏林大学校长、波恩大学地质学教授、莱比锡大学地理学教授等，并用后半生大部分精力撰写了《中国：我的亲身旅行及其研究成果》（以下简称《中国》）。这部五卷巨著历时35年才出版完成，李希霍芬生前亲自执笔完成的只有第一、二卷，后三卷主要由其学生根据他的生前资料整理、编纂而成。他在1877年出版的该书第一卷中，首次提出了Seidenstrasse（丝绸之路）这个概念。这个词不是他凭空想出来的，而是与他注重研究交通路线的习惯有关。每次调研，他除了记载物产外，还尤其注意运送这些物产的道路。所以，他每到一地，必先叙述各地的水陆交通状况，记录在此交通基础上形成的市镇和商业路线，由此形成了他的报告主线。

通过记录中国的交通路线、研究中国历史上的商贸道路，同时结合西方关于"丝绸之国"的记载，李希霍芬渐渐完善了丝绸之路的历史脉络。他发现，早在秦汉时期，中国的丝绸就经今天的新疆到中亚，再到欧洲。当时，欧洲人以"赛尔"（即丝）来称呼丝绸，称中国为"赛里斯"，即"丝绸之国"。汉朝政权建立后，尤其是张骞"凿空"西域后，西方文献中出现"丝绸"一词的频率大大增加。古希腊地理学家马里纳斯记录了一条由幼发拉底河渡口出发，向东通往"赛里斯国"的商路。生活于公元1～2世纪的古希腊地理学家托勒密把这条商道记入其创作的《地理志》中。明代来到中国的传教士利玛窦，也曾写道："我也毫不怀疑，这就是被称为丝绸之国的国度。"到了19世纪，以研究《马可波罗游记》出名的英国地理学家亨利·玉尔出版了《中国和通往中国之路——中世纪关于中国的记载汇编》一书。至此，"丝绸之路"这个名词呼之欲出。

在这些研究的基础上，李希霍芬在《中国》一书中首次提出了"丝绸之路"。但当时他对这个名词的使用还比较谨慎，主要是为了论证他提出的中国到德国的铁路线路（从西安出发，经河西走廊到南疆，通过吉尔吉斯斯坦、土库曼斯坦和伊朗到达欧洲）。尽管李希霍芬清楚地认识到其他贸易路线和海上贸易的存在及其重要性，在他的概念里"丝绸之路"仅指汉代欧亚的贸易通道，甚至只是特指公元前128年至公元150年的欧亚交通道路。此后，德国历史学家赫尔曼在1910年出版的《中国与叙利亚之间的古代丝绸之路》一书中引申了李希霍芬的观点。1936年，李希霍芬的学生斯文·赫定出版了《丝绸之路》一书。从此，"丝绸之路"一名逐渐为大众所接受，并迅速传播开来。

19 世纪中叶至 20 世纪初是中亚探险的高潮时期，欧美国家几乎所有的东方学家、地理学家、考古学家都来到这里，代表人物有斯文·赫定、斯坦因、格伦威德尔、普尔热瓦尔斯基、科兹洛夫等。这个时期是丝绸之路研究的重要阶段，各国学者第一次用近代较科学的方法进行了深入的研究。当时西方探险家除了对亚洲中部这一地理学尚未清晰认识的地区进行地质、地貌、水文实测外，还对丝绸之路沿途的民族、人种、文化、古遗址、文物、交通路线的变迁、城镇兴废、经济社会进行了考察研究。这是近代在中亚史、蒙古学、西域史、敦煌学、中西交通史、西北民族史、边疆史地等方面第一次大规模的、系统的、较科学的研究考察。这些考察从各个方面丰富充实了丝绸之路模糊的内容，并且影响了丝绸之路研究的方法和方向。

由李希霍芬首创的"丝绸之路"一词，以斯文·赫定的《丝绸之路》各种译本为契机，从德语逐渐被翻译成了世界各国的语言，常见者如英语的 Silk Road 或 Silk Route、法语的 Routes de la Soie、日语的"绢道"等。20 世纪初期，法国汉学家沙宛在《西突厥史料》中首次将"丝绸之路"拓展包含海上贸易部分，之后得到了一批日本学者和中国学者的追随。至 20 世纪后半叶，"丝绸之路"已经成为一个泛指古代时期遍及欧亚大陆甚至包括北非和东非在内的长途商业贸易和文化交流线路的总称，成为东西方经济、文化、政治友好交流通道的代名词。丝绸之路作为研究中国古代通过河西走廊、新疆与中亚、南亚各国交往的学术名词，很快被国际汉学家广泛使用，其内涵也不断扩展，从西北陆路商路扩展到东南海上商路，并衍生出"海上丝绸之路""瓷器之路""香料之路""茶叶之路"等名词。

二、"丝绸之路"的形成背景

1. 张骞出使西域引发汉王朝与西方各国进行贸易的强烈动机

秦末汉初，中国北方匈奴势力范围从今朝鲜西侧扩展到今新疆东界，直接控制大漠南北，隔断了中国与西方的贸易交通，并频频越过长城南下进犯中原地区。中国的西汉王朝在文景之治后国力变得日渐强盛，汉武帝刘彻为了打败匈奴，招募张骞出使西域联络被匈奴逐出故土的大月氏，计划策动西域诸国与汉朝联合。张骞第一次出使西域各国向汉武帝报告关于西域的详细形势后，汉朝对控制西域的目的由最早的制御匈奴变成了"广地万里，重九译，威德遍于四海"的强烈愿望。为了促使西域与长安的交流，汉武帝招募大量低微商人，利用政府配给货物，到西域各地经商，吸引更多人从事陆上贸易活动。张骞出使西域没有达到联合大月氏的政治目的，但其出使经历对河西、西域乃至中亚都有着重大的历史意义。他拓展了汉王朝的视野，促成了西汉对西行道路的开辟和经营。由于丝绸具有实用性和艺术性而且易于携带和远距离运输，它成为长途贸易、获利丰厚的最佳首选商品。当时中国输出的商品以丝绸最具代表性，因此所经交通路线在后世被称为"丝绸之路"。

2. 沿线各地经济、文化的发展是丝绸之路产生的基础

丝绸之路从根本上是一条贸易通道，沿途各地经济文化的发展是其形成的基础。它沿线所经地区是人类古代文明的发源地和最发达地区。西端是人类文化发达最早的地中海东部沿岸各地，其中的古代埃及、古代希腊、两河流域都具有世界最古老的人类文明，具有当时世界最发达的经济文化。东端是具有发达古代文明的中国，特别是中国早在公元前数十世纪就生产易于运输的丝绸。丝绸之路的中部地段在丝绸之路上起着枢纽作用，古代波斯、巴克特利亚（大夏）、花剌子模等西亚、中亚诸国以及古代印度这些中间地区成为数万里丝绸之路的重要枢纽。沿丝绸之路各国政治、经济、文化综合力量的高度发展，为丝绸之路的产生和开通创造了前提条件。

3. 中国古代少数民族为丝绸之路的畅通提供了动力

在张骞出使西域之前，原来活动于今甘肃河西走廊的月氏和乌孙在公元前 201 年左右和汉文帝中期这两个时期，沿天山北麓至伊犁河流域及天山西部地区迁徙，带去了东部的物产、经济信息。匈奴在丝绸之路的开通方面也有着重要的特殊地位和作用。由于匈奴族不断侵扰汉朝边境，汉朝政府不得不"岁奉匈奴絮缯酒食物各有数"。但实际上游牧民族生活中很少需要丝絮，他们把从中原获得的丝絮贩卖给中亚和伊朗地区获取更大利益。匈奴人在丝绸之路上的作用以后又在突厥人身上得以重演。南北朝时期中国北方民族突厥族十分强大，突厥可汗乘机向当时中原地区与突厥相邻的两个敌对政权北周和北齐勒索丝絮财物，但丝绸对他们来说只是可汗及其亲属和少数高层官员使用的奢侈品，而大多数丝绸主要用来与中亚、波斯和其他地区进行交换。这种中西丝绸贸易活动对丝绸之路的发展起着重要的补充作用。

三、"丝绸之路"的历史变迁

按照李希霍芬的狭义定义，丝绸之路起始于古代中国的政治、经济、文化中心古都长安（今天的西安），连接着亚洲、非洲和欧洲。它跨越陇山山脉，穿过河西走廊，通过玉门关和阳关，抵达新疆，沿绿洲和帕米尔高原山麓地带，通过中亚、西亚和北非，最终抵达非洲和欧洲（图 1-1）。一般而言，陆上丝绸之路分为北道、中道和南道，历史上丝绸之路没有严格界定，三条线路由众多的干线与支线组成。总体上，丝绸之路的大致发展过程分为以下阶段。

1. 西汉时期开拓凿通"丝绸之路"

西汉开辟中外交流新纪元，成功将东西方之间的"珠帘"拉开。当时的丝绸之路以长安为起点，向西经武威、过河西走廊到敦煌，出玉门关和阳关进入新疆，沿着塔克拉玛干大沙漠的北缘和南缘，分两路会合于帕米尔高原，进入中亚、西亚，直达地中海东岸（图 1-1），其间跨越国家、民族甚多，文化呈现多元性。文化作为精神和物质的融合将丝绸之路上的不同国度、不同民族的人们联系在一起。

丝绸之路上的中外商旅，将大批丝绸运往西方各地。在关系正常时，汉王朝在边境要塞关道上开辟有专门供各族人民互相交易的市场"关市"。以汉朝在西域设立官员为标志，西域各国纷纷归附汉朝，各国也派使节到长安。汉武帝依靠强大的国力，立足长安，在陆上和海上都采取进取政策，丝绸之路开始进入首次繁荣时代。当时，丝绸之路上来往官员、贸易长年不断，文化交流与贸易在中国、印度、东南亚、斯里兰卡、中东、非洲和欧洲之间迅速发展，数不尽的新奇商品、新鲜技术、思想开始不断流向欧、亚、非三洲的各个国家。

2. 东汉时期"丝绸之路"复通

西汉末年王莽专政，中原与西域的关系一度中断，汉哀帝以后，中原放弃了对西域的控制，西域内部各种纷争不断，后期车师与匈奴长年不断的战争令出入塔克拉玛干的商路难以通行。当时为防止西域的动乱波及自身，汉朝廷经常紧闭玉门关。种种因素导致丝绸之路的天山南麓交通陷入半通半停。这一时期，贸易交流随着纷争不断出现而变得断断续续。

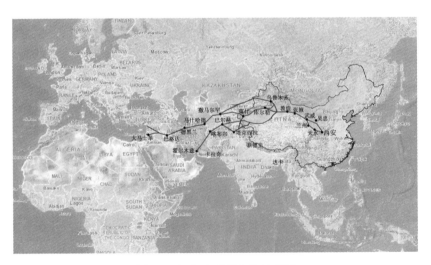

图 1-1　汉朝古丝绸之路示意图

东汉虽然迁都洛阳，但仍与西汉时期一样以"京兆尹"为长安地方长官，长安仍然是丝绸之路上西往、东来货品重要的集散地。在东汉时代，班超、班勇父子两人威震西域，夺回了曾一度被匈奴所占据的西域，重新设置了西域都护府，控制河西走廊，进驻天山南麓。班超运用外交和武力手段使五十多个城邦国家附属东汉。在其平定了中亚之后，丝路上的交通与贸易进一步趋于繁荣。经过几十年的休养生息到东汉明帝中期，东汉具备了雄厚的物质基础抵御匈奴人的威胁，恢复了丝绸之路交通。

从东汉末年直到北周灭亡为止的 300 年间，长安尽管比不上昔日的繁荣，但其与西方的交通往来从来没有间断过。位于东亚的汉朝、欧洲的罗马、西亚的安息、中亚的贵霜，在这段时期都处在国势昌盛时期，积极向外扩散和交流。

3. 魏晋南北朝时期"丝绸之路"的兴替

魏晋南北朝时期统一集权政府不复存在，中国内地出现十六国南北朝的混乱局面。由于西域（指今新疆地区）以及河西、青海相对平稳，掌握政权的少数民族重视对外贸易和交往，所以中国西部与中亚、南亚的交往并未断绝，不少大族和文化人士纷纷迁居河西以避战乱，促使中西交往的河西走廊的文化得到前所未有的提高和发展。五凉王朝的先后建立，集聚了大批人才。文化水平的提高和大量士人的存在，为本地区接受外来文化、向中原输送外来文化提供了基础。

这段时期在之前丝绸之路线路的基础上，新开辟了天山南麓原北道的一个分支。波斯成为集散、中转中国丝绸的主要地区，是与中国交往最频繁的国家之一。波斯王曾多次派使臣前来北魏的平城（山西省大同市东北）、洛阳和西魏的长安访问。北魏孝文帝拓跋弘，曾派韩羊皮访问波斯首都宿利城（伊拉克巴格达西南）。这一时期尽管国家不统一，但总体上丝绸之路仍发挥着作用。不论是东晋五胡十六国，还是后来的南北朝，都不断有东往西去的使者旅行在丝绸之路上。

4. 隋唐时期"丝绸之路"的繁荣

隋唐时丝绸之路超过汉朝，达到空前的繁荣。隋朝统一南北，中国封建社会开始走向全盛时期。隋朝将交通西域、发展丝路贸易定位为基本国策。隋炀帝曾亲巡大西北，征战阻碍交通的吐谷浑人，并举办贸易会，使中西交往繁盛一时。当时丝绸之路通向罗马东部、波斯、印度。隋朝为丝绸之路在唐朝的鼎盛发展奠定了基础。

唐朝社会局势稳定、贸易繁荣。唐朝统治者借击破突厥的时机，一举控制西域全境，重新打通这条商路，并设立安西四镇作为中国政府控制西域的机构。唐新修了玉门关，再度开放沿途各关隘，并打通了天山北坡的丝路支线，将西线打通至中亚，丝绸之路东段再度开放，新的商路支线被不断开辟。从唐太宗到武则天，唐朝的势力控制了塔里木盆地的西域诸王国，成为天山以北、葱岭以西区域内各个王国的宗主国（图1-2）。

在此时期，曾短暂代替突厥而取得蒙古高原支配权的回鹘人放弃游牧，选择了定居的生活，进入稳定和谐的生存环境。唐朝与回鹘汗国的关系和睦，西域进入前所未有的稳定时期。丝绸之路在唐朝大环境下中、西往来畅通无阻，贸易业较汉代更加频繁，出现了条条道路通罗马的极盛时期，丝绸之路进入了二次繁荣时期。与汉朝时期的丝路不同，唐朝控制了丝绸之路上的西域和中亚的一些地区，并建立了稳定有效的统治秩序。

5. 唐以后"海上丝绸之路"逐渐兴盛

唐朝之后中国经济中心南移，相对稳定的南方对外贸易增加，南方和海上贸易日渐繁荣，广州和泉州逐渐成为南方经济大城。同时，由于有了平稳安全的大船、丰富的航海经验，旅途的辛苦较小，费用也较当时的陆地交通少，陆上丝绸之路上的货运逐渐被海运所代替（图1-3）。在明代时期农业、手工业迅速发展，商品经济日益繁荣，西方社会正在进行工业革命，但明王朝为了巩固其封建统治不愿顺应经济社会的发展潮流，极力阻隔民间对外贸易，丝绸之路"朝贡贸易"的官方独占地位丧失。清王朝建立初期，从顺治到康熙这段时期，为了巩固政权，防止一系列"复明"和"联外夷"活动，实行闭关锁国政策，丝绸之路的对外贸易走向衰落。

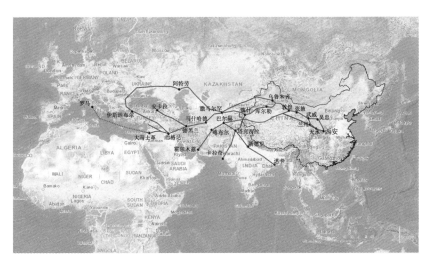

图1-2 唐宋古丝绸之路示意图

海上丝绸之路从中国东南沿海，经过中南半岛和南海诸国，穿过印度洋，进入红海，抵达东非和欧洲，成为中国与外国贸易往来和文化交流的海上大通道，并推动了沿线各国的共同发展。早在唐代，中国东南沿海有一条称作"广州通海夷道"的海上航路，该条海上航路通往东南亚、印度洋北部诸国、红海沿岸、东北非和波斯湾诸国。在宋、元时期，中国造船技术和航海技术的大幅提升以及指南针的航海运用，全面提升了商船的远航能力。这一时期，中国同世界60多个国家有着直接的海上商贸往来，海上"丝绸之路"替代了陆上"丝绸之路"，成为中国对外交往的主要通道。

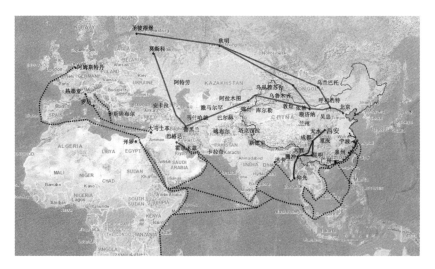

图 1-3　元明古丝绸之路示意图

明代，海上丝绸之路航线已扩展至全球。向西航行有郑和七下西洋，这是明朝政府组织的大规模航海活动，曾到达亚洲、非洲 39 个国家和地区。向东航行有"广州—拉丁美洲航线"（1575 年），由广州起航，经澳门出海，至菲律宾马尼拉港，再穿圣贝纳迪诺海峡进入太平洋，东行到达墨西哥西海岸。这样，始于汉代的海上贸易，经唐、宋、元日趋发达，于明代达到高峰。明清两代，政府实行海禁政策。其间广州成为中国海上丝绸之路唯一对外开放的贸易大港，形成了空前的全球性大循环贸易，并且一直延续和保持到鸦片战争前夕而不衰。鸦片战争后，中国海权丧失，沿海口岸被迫开放，成为西方倾销商品的市场。西方列强逐渐垄断了中国丝、瓷、茶等商品的出口贸易。从此，海上丝绸之路进入了衰落期。

四、"丝绸之路"的启示：丝路精神

丝绸之路是中国内地与西域之间以及中国与亚、非、欧国家之间政治、经济、文化交流的桥梁和纽带。在物质交流方面，由于丝绸之路贸易的繁荣，中原地区的丰富物产不断地传播到西域、中亚、印度、波斯、阿拉伯和地中海的欧洲区域。在粟特人、突厥人、回鹘人、阿拉伯人、波斯人的努力下，大量工艺精美、品种繁多的丝绸和瓷器、茶叶、纸张、竹器、生姜、大黄等物资输入西方。在中国物质商品传入西方的同时，通过丝绸之路贸易，西方物质商品也传入中国，例如草原民族的羊马牲畜、畜产皮毛、毛织品，西亚的珊瑚、翡翠、珠宝、琉璃器、各种香料、苜蓿、胡姜、葡萄、石榴、胡椒、波棱等作物，这些商品丰富了中国的物质文明。

在文化交流方面，佛教、景教和伊斯兰教及相关艺术沿丝绸之路传入中国。丝绸之路带来的西域文明的影响表现在中国社会文化的各个方面，从饮食、服饰、宅居、节庆、娱乐等风俗时尚到音乐舞蹈、文学艺术。丝绸之路是世界主要文化的母胎，这条路曾经产生了美索不达米亚文明、埃及文明、花剌子模文明、印度河文明、中国文明等许多古代文明。东罗马帝国、阿拉伯大食帝国、印度和波斯帝国的科学技术和知识，如天文学、医药、建筑技术、制糖技术、缝合木船技术等传入中国，推动中国的科学技术发展。自从公元 1 世纪佛教传入中国后，中西经济文化交流日益密切，伊斯兰教、摩尼教、景教、祆教、犹太教、基督教等各种域外宗教涌入中国，对中国的社会结构和思想哲学产生了根本性影响。

丝绸之路增进了民族交流进程，加强了沿线人民友谊。丝绸之路的开始与民族迁徙的浪潮同时发生，中国在内的欧亚大陆腹地特别是中亚自古以来是民族迁徙和融合的十字路口。丝绸之路成为民族融合和交流的渠道与纽带，古代塞种人、匈奴、大月氏、粟特、阿拉伯、突厥、波斯、吐蕃、吐谷浑、鲜卑、党项、回鹘、铁勒、蠕蠕、氐族、羌族等在这一地区的活动深刻影响了欧亚大陆的历史，他们建立的许多王国及其历史遗迹成为文明史的重要部分。由于各民族的文明荟萃，欧亚大陆腹地呈现多元的社会结构，在民族融合的历史进程中形成了近现代的多种民族，特别在中国西部发生的以汉文化为依托、以丝绸之路为背景的民族交融，形成了统一的中华民族心理和国家观念，这种文化的认同对中国西北、西南边疆的开拓与稳定有着极其重要而深远的意义。

正如中国国家主席习近平指出的，"古丝绸之路绵亘万里，延续千年，积淀了以和平合作、开放包容、互学互鉴、互利共赢为核心的丝路精神"。可以说，古丝绸之路的精髓就是"丝路精神"，而它为"一带一路"建设提供了文化根基与核心理念。在 2017 年 5 月 14～15 日召开的"一带一路"国际合作高峰论坛（以下简称"高峰论坛"）开幕致辞中，习主席对"丝路精神"进行了全面而深刻的阐释。在圆桌峰会开幕致辞中他再次强调，"我们完全可以从古丝绸之路中汲取智慧和力量，本着和平合作、开放包容、互学互鉴、互利共赢的丝路精神推进合作，共同开辟更加光明的前景"。

和平合作。历史表明，古丝绸之路在和平时期是畅通的，在战乱时期是中断的。这说明，和平是交流、合作、发展、繁荣的前提。从中国汉代的张骞，唐宋元时期的杜环、马可·波罗、伊本·白图泰，到明代的郑和，一代又一代"丝路人"架起了东西方合作的桥梁。习主席指出，"这些开拓事业之所以名垂青史，是因为使用的不是战马和长矛，而是驼队和善意；依靠的不是坚船和利炮，而是宝船和友谊"。当今世界处于大发展、大变革、大调整时期，尽管和平与发展是时代的主流，但冲突与动荡也频频发生。古丝绸之路留给我们的"和平合作"精神，是弥补"和平赤字"的不二选择。

开放包容。古丝绸之路跨越埃及文明、巴比伦文明、印度文明、中华文明的发祥地，跨越佛教、基督教、伊斯兰教信众的汇集地。不同文明、宗教、种族求同存异，开放包容，并肩书写相互尊重的壮丽诗篇，携手绘就共同发展的美好画卷。这给我们的启示是，"文明在开放中发展，民族在融合中共存。"只有求同存异、开放包容，才能在此基础上寻找利益契合点，共同制定合作方案，共同采取合作行动，形成政策沟通、规划对接、发展融合、利益共享的合作新格局。

互学互鉴。古丝绸之路不是单向输出，而是双向交流和相互学习之路；不仅是一条通商易货之道，更是一条知识交流之路。沿着这条路，中国将丝绸、瓷器、漆器、铁器贸易到西方，将四大发明和养蚕技术传向世界；同时也为中国带来了胡椒、亚麻、香料、葡萄、石榴，以及佛教、伊斯兰教及阿拉伯的天文、历法、医药。"五色交辉,相得益彰;八音合奏,终和且平",人类文明没有高低优劣之分,因平等交流和相互学习而变得丰富多彩。习主席指出,"更为重要的是,商品和知识交流带来了观念创新……这是交流的魅力"。因此,共建"一带一路"就是要实现优势互补、相互交流、合作创新。

互利共赢。古丝绸之路见证了陆上"使者相望于道,商旅不绝于途"的盛况,也见证了海上"舶交海中,不知其数"的繁华。习主席强调,通过资金、技术、人员等要素的自由流动,古丝绸之路创造了地区大发展大繁荣,实现了商品、资源、成果的共享。历史告诉我们,交流创造新机会,合作谱写新乐章。共建"一带一路"旨在寻找发展的最大公约数,共同做大发展的"蛋糕",共同分享发展成果,避免地缘对抗的老路,实现合作共赢的新篇章。

第二章　经济全球化及其局限性[*]

  "经济全球化"这个词语在 20 世纪 90 年代才开始被频繁使用，但经济全球扩张的进程却已经存在了几个世纪。受生产力发展水平及交通工具的限制，古代世界贸易基本以区域贸易为主。东西方之间的贸易路途遥远、风险极大，更像是一种冒险的事业。由于交通成本过高，投入流通的商品种类和数量不多，致使商品价格昂贵，只能满足上层社会的奢侈消费。到13～14世纪，欧洲封建主追求享乐，大量购买来自东方的奢侈品，致使欧洲对东方出现了巨额的贸易逆差。对黄金等贵金属货币的需求间接引发了欧洲对新航路的探险活动。15 世纪末至 16 世纪初，西欧国家开始大规模进行海外探险，拉开了地理大发现的序幕。

  欧洲的海外探险活动始于大西洋沿岸的西班牙和葡萄牙。15 世纪，葡萄牙打通了从欧洲通往印度的新航路，控制了沿非洲西海岸南行的通道。而西班牙则沿另一个方向越过大西洋，发现了美洲新大陆，完成全球航行并开辟了东西方交通的新航

  * 感谢高菠阳、叶尔肯·吾扎提的协助。

道。此后，荷兰、英国、法国、丹麦等其他国家也积极开始探险行动。至17世纪末，欧洲人对世界陆地面积的了解比14世纪时增加了5倍[1]。这意味着世界市场和贸易规模实现了空前的扩大，欧洲开始沿着新航路向亚洲、美洲发展了不同目的的"跨洋贸易"。对亚洲而言，新航道交通成本的降低使原来交易的"奢侈品"逐渐变为大众商品。对美洲新大陆而言，贸易则更多的是殖民化的过程，原料掠夺、产品倾销、奴隶贸易等对殖民地的贸易份额占欧洲贸易的比重不断攀升。

与此同时，欧洲贸易路线的转移和经济中心也历经了演变。新航线的开辟使得经济中心逐渐从地中海转移到大西洋，前期完全依赖区位优势进行贸易的意大利诸城邦经济地位逐渐衰落。16世纪中期，比利时的安特卫普成为"世界商业之都"。随后不久，横贯大陆的贸易体系被海上贸易所取代，荷兰成为世界贸易中心，国际海上运输中的两个关键商品——海盐和谷物都被荷兰运输商垄断，阿姆斯特丹成为当时全球最为繁忙的港口。直至17世纪末，当全球谷物贸易需求下降后，荷兰在商业上的地位才慢慢被英国所取代。

地理大发现后的300年间，西欧商人逐渐把欧洲的区域性市场同亚洲、美洲、非洲、大洋洲等联系起来，造就了以西欧为中心的世界性市场。贸易在16世纪至18世纪所发挥的作用，在欧洲历史乃至人类历史上都举足轻重。贸易路线的转移造就了欧洲的经济中心，贸易的重要性远超过了其他经济活动。值得注意的是，这一时期的世界市场并不是建立在国际分工的基

---

[1] 高德步、王珏：《世界经济史》，中国人民大学出版社，2001年。

础上，贸易所交换的商品基本没有涉及再生产的过程，贸易经济更多依赖于商业资本，而非工业资本。之后，资本的近代史拉开了序幕。

一、"二战"之前的全球经济扩张

1. 自由资本主义时期（1780～1873 年）：自由贸易、商品交易和殖民扩张

如果说地理大发现是经济全球扩张的开端，那么工业革命才是经济走向高度依赖和融合的开始。人们对陆地和海洋的探索，让整个世界联系起来，打破了各个地区之间相对封闭的状态。然而，全球生产和贸易地图的改变以及对外投资规模和复杂性的增加，这些经济全球化的重要特征出现在工业革命之后。

18 世纪末至 19 世纪中期，第一次工业革命从英国开始，迅速蔓延至西欧和北美，甚至世界其他地区。英国率先完成工业革命，巩固了霸主地位。工业化首先带来生产力的飞速提升。当机器生产逐渐替代手工劳动，工厂逐渐代替手工作坊，大规模生产成为现实，可以用于贸易的货物种类也显著增加。如果用价值来衡量，在 1820 年，世界商品的 99％都没有进入国际贸易市场[①]。

生产力的提升使这些资本主义工业国有了提供出口的能力。为进一步扩大市场攫取利润，它们加紧了对殖民地的征服活动，将其发展为原料供应地、商品倾销市场和资本输出场所。至此，

---

① Taylor，J. G. Williamson，*Globalization in Historical Perspective*. University of Chicago Press，2005.

经济活动的地理范围真正扩展到了全球。无论从各地区商品价格收敛的角度来看还是贸易额增加的角度来看，国际经济以前所未有的数量级发生着互动，国际资本大规模流动，巨型金融信托公司和合股公司开始出现。

此时，初步的国际分工和世界市场形成，呈现核心—边缘的结构，表现了地理专业化的特质。工业化国家作为核心，制造业快速兴起并产生了大量的产品剩余。在当时作为"世界工厂"的英国，一半以上的工业品要销往国外，国内生产所需的大部分原料也要靠国外供应。而非工业化国家（往往是被殖民国家）提供原材料和食品，并成为制造业产品的销售市场。众多殖民地逐渐形成了农、矿产品的单一经济，处于严重的依附地位。例如，埃及就是当时英国的棉纺、羊毛等原料的重要产地。

这一时期的全球贸易往往被冠以"自由贸易"的特征，但值得注意的是，这种自由建立在殖民主义的基础上。欧洲殖民者力图把殖民地和半殖民地国家变为自己的原料产地和销售市场，以武力为后盾，以自由贸易为口号，通过降低甚至取消关税等手段达到这一目的。如殖民地国家阿尔及利亚，自 1835 年起进口法国商品一律免除关税，1851 年后出口到法国的绝大多数商品也不再缴纳关税，1867 年免税范围扩大到所有出口到法国的商品。半殖民地国家突尼斯，原来闭关锁国的政策随着军事败退而被打破，欧洲殖民者获得了在突尼斯自由贸易的权利，且各国商品仅需要缴纳 3% 的进口关税①。

当时，欧洲国家因为工业文明而在知识力量和经济力量上

---

① 　Charles Issawi, *An Economic History of the Middle East and North Africa*. Columbia University Press，1982，29 (1)：464-465.

日益强大，而其他地区的文明无法抵御西方的入侵者，开始陷入严重的危机。亚洲、非洲、大洋洲被迫向欧洲国家开放，迅速地卷入到世界政治、经济体系之中。日本在 1854 年被迫向西方列强开放贸易；中国在经历 1840 年和 1856 年两次鸦片战争之后，被迫开放港口，沦为半殖民地国家，丧失了独立自主的地位；而已沦为殖民地的印度被英国东印度公司直接控制；当时欧洲对非洲的渗透还不是特别透彻，但欧洲的纺织品、武器已经开始向非洲增加出口，1830 年法国首先在非洲开始殖民。这一时期，经济的全球扩张是建立在殖民主义的基础之上的。

直至第二次工业革命之前，英国在资本输出和殖民地规模上还都是第一大国，是世界经济力量的主导者。1870 年，英国的采煤量占世界的 51.5%，生铁产量占 50%，棉花消费量占 49.2%，贸易额占世界贸易总额的 25%[①]。毫无疑问，当时的英国是"核心国家"中的核心（表 2-1）。然而，当工业革命的第二波高潮席卷而来之时，日不落帝国的领先地位不复存在。

表 2-1　1820～1870 年主要工业国家在世界工业和世界贸易中所占比重（%）

年份	英国		法国		德国		美国	
	工业	贸易	工业	贸易	工业	贸易	工业	贸易
1820	50	27	15～20	9	—	—	10	6
1840	45	25	—	9	12	8	11	7
1850	39	22	—	11	15	8	15	7
1870	32	25	10	10	13	10	23	8

资料来源：库钦斯基著、陈东旭译：《资本主义世界经济史研究》，生活·读书·新知三联书店，1955 年；W. W. Rostow, *The World Economy：History & Prospect*. The Macmillan Press Ltd., 1978, pp. 70-71。

---

① Dicken, Peter, *Global Shift：Mapping the Changing Contours of the World Economy* (Sixth Edition). Guildford Press, 2010.

2. 第二次工业革命（1873～1913 年）：垄断资本主义与新帝国主义兴起

19 世纪末至 20 世纪初，随着经济的发展，各种发明创造层出不穷。第二次工业革命在美国和欧洲国家蓬勃兴起，电力逐步替代蒸汽成为新的动力。许多国家抓住这次工业革命的时机而崛起。英国被美国和德国超越，美国替代英国成为了世界上的头号工业强国。到 1913 年，英国占世界工业品总产量的比例下降到 14％，而美国则上升到 36％[①]。

交通及通信业的革命成为经济全球扩张的助推器。技术上，发明了汽车、飞机、电话；国际铁路、运河、电报、邮政也都得到极大的发展。本国的铁路线基本饱和后，英国开始大量向其他正处于工业化进程中的国家以及殖民地投资修筑铁路。而之前工业化较为落后的美国开始引进大量外资，用于铁路建设和公共工程，迅速实现了交通、通信业的改善。1866 年，大西洋海底电缆铺设成功；1869 年，被英国和法国控制的苏伊士运河正式通航；1876 年，贝尔发明电话；1914 年，被美国控制的巴拿马运河正式通航。距离遥远的人们可以以更快的速度和更低的成本运输货物与交流信息，世界经济活动从时间、空间上更紧密地联系在一起。当然，这也方便了西方列强在世界范围内攫取利益。

随着生产力的大规模提升，当时的主要工业化国家由自由资本主义步入垄断资本主义阶段。第一次工业革命时期，为了满足国际贸易和资本流动的需要，英国创立了自由贸易体制，

---

① Dicken, Peter, *Global Shift: Mapping the Changing Contours of the World Economy (Sixth Edition)*. Guildford Press, 2010.

并迅速扩展到欧洲其他国家①。各种关税和消费税不断被降低甚至废除，之前享有特权的公司不再享有垄断贸易的权利，例如东印度公司。小资本的私人企业数量逐渐上升，加速了世界经济一体化。然而，这种自由竞争的市场经济也意味着大的资本规模和生产规模具有更大的优势。行业竞争日益残酷，1873年的经济危机导致很多中小企业直接破产。其结果是大量垄断企业甚至是国际垄断集团的出现。通过一系列改革完成工业化的日本此时也加入了掠夺的阵营。至20世纪初，世界市场基本被资本主义列强瓜分完毕。

工业化也为对外投资提供了新的契机。国际资本市场与贸易市场一样，呈现迅速扩张之势。1900年，世界对外投资总额为47.5亿英镑（约230亿美元）；1914年，这一数字达到了95亿英镑（约430亿美元）。随着工业革命的进展，美国也进行了大量对外直接投资，包括对加拿大、墨西哥、南美洲的矿业和制造业的投资，其目的是为本国工业提供原料和占领市场。1870年以前，美国的对外投资不超过7 500万美元，1899年增长到6.85亿美元，1914年则达到35.14亿美元。可以说，这一时期的经济全球扩张进入了"全盛期"。如图2-1和图2-2所示，世界贸易和对外直接投资占世界GDP的比重在1870年左右持续上升，第一次世界大战前夕达到峰值。

3. 两次世界大战（1914～1945年）：经济全球扩张"退潮"

1914～1945年，两次世界大战和1929～1933年的经济大萧

---

① 事实上，19世纪中叶英国在废除自己的《谷物法案》后就鼓动西欧国家实施完全自由贸易，而仅仅数年之后其他国家便感觉到利益受损，纷纷采取了保护主义措施。其后的所谓"自由贸易"主要是强迫殖民地国家接受的贸易条件。

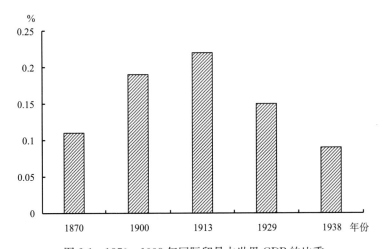

图 2-1　1870～1938 年国际贸易占世界 GDP 的比重

资料来源：A. Estevadeordal，A. M. Taylor，The Rise and Fall of World Trade, 1870-1939. *Quarterly Journal of Economics*，2003，118（2）：359-407.

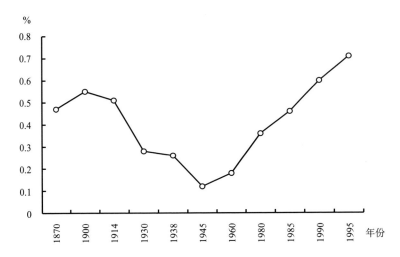

图 2-2　1870～1995 年对外直接投资占世界 GDP 的比重

资料来源：M. Obstfeld，A. M. Taylor，Globalization and Capital Markets. NBER Chapters，2002，15（2-3）：233-248.

条，对国际经济秩序造成重大影响。第一次世界大战之前，世界经济基本在自由状态下运行，贸易不断增长。但在战争期间，国际贸易被迫中断，所有交战国和非交战国政府都加强了在产品、价格、产量、劳动力等方面的控制。第一次世界大战使国际贸易额下降了40％。与此同时，英、法等重要的对外投资国损失严重，损失比例分别达15％和50％。国际金融秩序被打破，金本位制崩溃。

尽管世界经济受到重挫，但美国的经济实力却在战争中大幅度增长。由于远离战场并在战争初期保持中立，美国避免了大量损失，而且通过供应物资和军火赚取了大量利润。此外，美国还在战争中吸纳了大量人才，实力变得更为强大。

总的来说，早期的经济全球扩张处于浅层的状态，制造业生产、国际分工、市场贸易和资本国际流动的模式都比较简单。从资本主义市场经济产生一直到第二次世界大战前，世界经济地图基本呈现核心—边缘结构。无论是英国占据霸主地位的第一次工业革命时期，还是美国处于霸主地位的第二次工业革命时期，制造业生产一直集中在核心国家。制造业规模最大的四个国家就集中了世界制造业的71％，前11个国家集中了90％。当时日本作为亚洲唯一的工业化国家，其制造业总量仅占世界的3.5％。明显的国际劳动分工持续存在。核心工业国将65％的制成品出口至边缘国家和地区，同时也吸纳了边缘国家80％的初级产品。另外，国际直接投资也主要来源于这些核心国家的企业，65％的海外投资被投向发展中国家。

此时的经济全球扩张主要是发达国家凭借其殖民霸权对欠发达国家的侵略和掠夺，带有严重的剥削性质。这种"核心—

边缘结构"带来的各种遗留问题，至今仍然存在。两次世界大战摧毁了全球经济，也破坏了原有的世界格局和秩序。世界工业生产能力大多毁于战争（除了北美洲），但许多工业技术却在战争中得以革新和改进，如飞机制造，为之后的世界经济发展与格局塑造奠定了基础。

二、"二战"后的经济国际化

"二战"后西方国家逐渐建立起资本主义市场经济的制度体系，将经济国际化推向了新阶段，但"冷战"的政治格局又使得这一国际化过程受制于意识形态的分野。可以说，"二战"后30年间的经济国际化进程极富时代特征。

1. 全球制度框架的建构与经济国际化进程

"二战"后美国跃居世界第一大经济体，而欧洲大陆则被极大削弱。1945年，美国GDP占世界的1/2左右；到1950年欧洲大陆经济得到恢复之时，美国仍占世界的27%，而且拥有世界将近60%的黄金储备。在此背景下，美国主导建立国际性合作组织和国际金融规则。为了与西方对抗，社会主义阵营在苏联的领导下也有组织地加强了国际合作。当时产生的组织和规则（表2-2）将经济国际化进程纳入了制度化框架之中，使世界经济得到快速重整。

世界银行、国际货币基金组织和关贸总协定共同确立起以美元为中心的国际货币体系，即布雷顿森林体系，保障美国确立难以撼动的主导地位。在20世纪70年代布雷顿森林体系解体后，美国依然依靠美元地位称霸全球。当然，对其他国家而言，战后重建需要宽松活跃的经济环境，以布雷顿森林体系为核心的外汇、资本和贸易自由化，造就了历史上第二个经济全球扩张的"黄金时代"，可以称之为经济国际化阶段。

表 2-2　战后重要国际经济组织及协议制度框架

	形成时间	创始国	性质
世界银行（World Bank）	1944.7	美、英等国	国际金融组织
国际货币基金组织（IMF）	1944.7	美、英等 29 国	国际金融组织
关贸总协定（GATT）	1947.10	美、英、中等23 国	多边国际协定
经济互助委员会（Comecon）	1949.1	苏联、保加利亚等 6 国	国际政治经济合作组织
经济合作与发展组织（OECD）	1961.9	美、加与欧洲共20 国	国际政治经济合作组织

此前的经济全球扩张更类似一个自发的过程，适应于国家经济发展的需求，受益于交通运输技术的进步，是人类发展的自然产物。而"二战"后的一系列国际合作组织和协议是精心谋划的。这些制度的建立使经济全球扩张进程得以深入推进，极大地扩张了国际贸易和资本流动，为跨国公司的兴盛奠定了基础。但与此同时，这些相互作用的国际机构使西方发达国家和大多数不发达国家间的不平等关系得以制度化定型。西方国家建立的新制度体系背后的理论依据是市场经济的自由主义，与苏联等社会主义国家的计划经济截然相反。政治上双方长期对峙，导致社会主义阵营国家被故意排挤，这样的国际化无疑

是片面的。其次，美国在新的全球经济扩张过程中占据绝对领导地位，国际融合必须服从美国的意愿，必须按照美国安排的路线前进，所谓的"自由"实际也只是服务于资本强势国家的利益。

2. 国际化的空间表现：对立的国际政治和经济势力

这一时期的经济国际化带有明显的政治色彩。全球被划分为三大阵营：资本主义阵营、社会主义阵营和第三世界国家。资本主义阵营集中于西方世界，以北美、西欧的老牌资本主义国家为主。美国凭借"二战"期间的积累，成为资本主义阵营的主导。西欧国家在政治军事上与美国结成同盟，采取与社会主义国家"冷战"的态度。西欧在美国的帮助下经济迅速恢复。1948 年，美国启动马歇尔计划，援助西欧各国重振受战争破坏的经济。该计划同时减弱了西欧各国间的关税和贸易壁垒，使国际贸易量剧增，加速了欧洲一体化进程。"二战"后短短数年间，大多数西欧国家的经济恢复到战前水平。此后 20 年间，随着新科技革命的迅猛发展，资本主义国家经济发展进入"战后繁荣期"。1950～1973 年，这些国家的 GDP 平均增速达到战前工业化时期的两倍。同样引人注目的是出口增速达到 8.6%，是战前工业化时期的两倍，是 1913～1950 年间的 8 倍。

另一个显著的变化是红色阵营——社会主义国家的兴起，主要分布在东欧和亚洲。这些国家形成了以苏联为首的联盟。经济方面，这些国家曾遭到战争的严重破坏，经济基础比较薄弱。战后各国纷纷照搬苏联模式，实行社会主义公有制，建立高度集中的计划经济管理体制，产业发展上强调重工业。苏联模式在战后 30 年间成效显著，50～60 年代社会主义阵营一直保持着较高的经济增长率，与高速发展的西方国家不相伯仲，但70年代普遍达到极限，尤其是苏联。虽然与西方国家冷战大大阻碍了欧亚大陆的经济国际化进程，但社会主义国家之间没有停止一体化进程。1949年，苏联、保加利亚、匈牙利、捷克等国成立经济互助委员会（经互会），1955年结成华约军事同盟。经互会的成立加强了成员国经济合作关系，促进了社会主义国家间在贸易和投资上的合作。其中，经互会成员对苏贸易所占比重很高，客观上强化了东欧国家对苏联的依赖。这一时期的贸易结构特点鲜明，大部分进出口贸易是与非对立国家进行的。以苏联的贸易数据为例，1950年社会主义国家和第三世界国家占据苏联对外贸易总量的85%，在社会主义国家中与经互会成员贸易额又达到69%。可见政治关系被如实反映到贸易往来中，说明这一时期的国际化进程是带有浓厚政治色彩的。

尽管这一时期经济以前所未有的速度增长，被称为"黄金时代"，但实际上世界只有部分国家是"黄金"的。大部分第三世界国家没能分享这个"黄金时代"。这些国家历史上大多深受殖民迫害，通过民族解放运动才摆脱殖民统治，建立起独立的民族国家。"冷战"期间本着"不结盟运动"的精神，这些国家不从属两大阵营，是世界政治格局中独立的第三方力量，因此成为美、苏角力的重点。双方通过提供军事和经济援助，在策略上争取第三世界国家的支持。接受援助的国家的发展方式基本偏向于援助国的模式。受西方思想影响较多的国家，大多在世界银行和国际货币基金组织的"指导"下，实施进口替代与出口导向型发展战略，在一定时期内出口和吸引外资增长都很快。但是，对这些资本原始积累尚不充足的国家而言，加入国际市场没有带来预期的裨益，反倒由于缺乏竞争力而丧失了对自己国家经济的控制力，在经济国际化进程中长期处于边缘地位。

三、经济全球化时代的到来

在战后繁荣期，西方主要国家采取了凯恩斯主义政策，认为政府管制和干预主义措施是必要的。同时，由于当时这些国家经济繁荣，资本积累压力不大，流向海外的内在动力小。再加上"冷战"格局的影响，这一时期的经济全球扩张中贸易的成分远大于资本扩张，因而只能称之为经济国际化。20世纪70年代，西方主要发达国家结束了战后繁荣期，出现了严重的"滞胀"问题。为了摆脱危机，以里根和撒切尔政府为代表的西方国家纷纷抛弃了凯恩斯主义政策，拥抱哈耶克的新自由主义思想，大幅度减少政府干预，将国有企业私有化，并采取措施推动投资和贸易自由化。在此背景下，发达国家的资本开始大规模流向发展中国家，出现了彼得·迪肯称之为"全球产业转移"的现象。特别是，90年代初"冷战"结束后，发达国家的对外投资呈现爆发式增长。由此，世界进入到经济全球化时代。

自20世纪80年代开始，从媒体、学术界到政界，经济全球化逐渐成为一个流行词。对于民众而言，全球化多半是一个时髦名词，也代表来自世界各地琳琅满目的产品和海量的各色信息；对于政治家而言，全球化是推动世界变化的"号角"和常用的外交词汇，更是世界政治角逐的有力工具；对于媒体而言，全球化则是一个可以捕捉的新闻字眼和渲染事件的大背景。然而，对于学者而言，全球化则是一个严谨的研究话题。尽管如上所述各种形式的"全球化"可回溯到资本主义产生和扩张的四个世纪之前，甚至追溯到"丝绸之路"时代的跨国贸易往来，但决定性的全球经济转变发生在 20 世纪 70 年代。人们可以列举出很多标志性事件，例如布雷顿森林体系的解体、跨国直接投资飙升等，但全球化从根本上来说是资本积累的"空间出路"与新自由主义思潮完美结合的产物。当然，"冷战"结束和交通通信技术的飞速进步也起到了关键的助推作用。

1. 全球化溯源

过去三十多年，全球化的概念被如此广泛地使用，乃至很多人相信这是一个历史的必然。实际上，全球化有一定的客观动力，但更多的是被政治家、企业家和学者们塑造出来的发展机制，是被世界上多数国家认可和普遍参与的一套制度。正因如此，彼得·迪肯在《全球性转变》开篇中就写道："当我们谈及全球化时，必须牢记它是一种趋势，而不是某种最终状态。无论在地理空间上，还是组织机构上，这些趋势都是不均衡的。既不存在既定的路径，也没有确定的终点。"[①] 当然，全球化有其客观动力和一定程度的必然性，这就是大卫·哈维提出的资本积累的"空间出路"。根据马克思的《资本论》，资本积累会遭遇周期性经济危机，而技术进步和空间转移可以延缓经济危机的发生，即所谓的"技术出路"（technological fix）和"空间出路"（spatial fix）。马克思在《资本论》中的不同地方或多或少地提到了资本积累的地理特点，而哈维把马克思的思想发展为一套完整的解释资本积累地理机制的学说，其核心概念就是

---

① 彼得·迪肯著、刘卫东等译：《全球性转变：重塑 21 世纪的全球经济地图》，商务印书馆，2007 年。

资本的"空间出路"①。哈维认为，资本积累离开空间扩张难以维系，需要不断寻求"空间出路"。因此，无休止的运动（restless movement）是资本积累的一个突出特点。

　　既然资本的空间扩张是其本性，那么为什么在20世纪70年代之前没有出现"经济全球化"这个概念？其根本原因是当时国家的管制"边界"还比较完整地存在，资本的"游荡"仍被圈在国家的笼子里。以20世纪70年代的两次石油危机为标志，西方发达国家结束了战后繁荣期，进入了严重的"滞胀期"，这在很大程度上就是经济危机。为了解决危机，20世纪80年代初以里根和撒切尔为代表的发达国家政府放弃了凯恩斯主义政策，开始拥抱新自由主义思潮，后者为打开国家的管制"边界"提供了学术说辞。正是发达国家和发展中国家对贸易与投资均采取了自由化策略，才促进了商品、资金、信息和劳动力的全球自由流动。不断完善的多边贸易体系以及相应的组织结构（如世界贸易组织以及大量的多边贸易协定等），为投资和贸易自由化提供了制度保障。因此，简要地说，资本积累的"空间出路"与新自由主义政策的结合，拉开了资本在全球尺度上进行大规模空间扩张的序幕，这也就是我们看到的过去三十多年的经济全球化过程。

　　早期的全球化梦想者认为，资本会脱离区域和国家的限制，绝对机动、自由地流动。例如，考顿（Korton）曾这样描述

---

　　① 见 Harvey D., The Geography of Capitalistaccumulation：A Reconstruction of the Marxian Theory. *Antipode*，1975，2（S）：9-12；Harvey, D. The Spatial Fix：Hegel, Von Thunen and Marx. *Antipode*，1981，13：1-12；Harvey D. *The Limits to Capital*. Oxford，1982，"spatial fix"以前经常被翻译为"空间修复"，但这个译法没有体现大卫·哈维提出的这个概念的精髓。

"全球梦"的理想状态：世界的货币、技术和市场被巨大的全球公司控制和管理；在平均的物质满意度的基础上，人们具有统一的消费文化；为了收益，公司可以不计本国和当地的后果采取自由行动；个人和企业的关系完全由市场决定等①。这正是资本至上的写照，尽管略显偏激，但却表达出了资本空间扩张"信马由缰"的本性。后来的学术研究不断质疑并力求修正对全球化的认识，但是当今对于全球化的定义和理解越来越趋于表象，而不是内在实质。在这个背景下，人们生活在全球化的光环和梦想之中，忽略了全球化的内在矛盾。资本可以自由地在全球寻找最佳生产区位（无论是寻求市场还是寻求资源，抑或是廉价劳动力），而劳动力（至少是蓝领工人）难以自由地跨国流动。也就是说，新自由主义全球化主要满足了资本积累"空间出路"的需要，而不是普普通通生活的人们的需求。因此，尽管学者们早就认识到全球化和资本的快速流动会对全球政治力量的平衡产生影响，但忽视了全球化的社会后果，即贫富差距的持续扩大。

　　理解经济全球化也不能忽视技术的作用。一方面，过去半个世纪以来交通和通信技术进步十分迅速，导致了强烈的"时空压缩"，降低了资本空间位移的成本，为资本大规模空间扩张提供了必要条件和"催化剂"。另一方面，企业生产方式不断调整，从过去的垂直一体化、大规模生产的福特主义方式，转向零部件"外包"、灵活生产的后福特主义方式。这使得供应链逐渐拉长，零部件生产的地区专业化分工越来越明显，带来了供

---

　　① 彼得·迪肯著、刘卫东等译：《全球性转变：重塑 21 世纪的全球经济地图》，商务印书馆，2007 年。

应链贸易的大幅增长。例如，尽管产业集群日趋流行，但当前东亚内部贸易中的 70% 以上是中间产品的贸易。

从上述分析可见，发达国家大规模对外投资、生产方式的转变、信息技术的进步以及新自由主义思潮的流行，共同推动世界正在成为一个越来越紧密的社会经济空间。纵观历史进程，资本空间扩张的本性是经济全球扩张的根本动力，技术进步是"催化剂"，而国家管制和干预则是"闸门"。正是资本积累"空间出路"与新自由主义思潮的完美结合，拉开了资本在全球尺度上进行大规模空间扩张的序幕，而交通和通信技术进步则加速了这个过程。

当然，国家干预程度决定着资本积累"空间出路"的空间范围、方向和"摩擦力"。因此，资本、技术和国家在经济全球扩张中发挥着不同的作用，其中前两者是驱动力，而后者扮演着"斡旋者"的角色，也是唯一能够调节全球化步伐和方向者。过去三十多年中，在新自由主义思潮支撑下，政府在其中的主要作用是为资本全球流动创造良好的政治经济环境。此外，历史经验也表明，只有世界强国才是经济全球扩张或全球化的主导者。

2. 全球化的表象

经济全球化是一个涉及内容比较广泛的现象，不仅包括资金、信息、商品的全球流动，也包括企业的全球性战略、一些非经济事件的全球经济影响（如移民、恐怖事件），以及全球性组织和文化对经济要素流动的影响等。总体上，全球化反映了一个突出的现象，即在经济和技术力量的共同推动下，世界正在被塑造为一个紧密的社会经济空间，某个主体的经济决策能够对另一个地区的经济或社会群体产生深远影响。在经济领域，全球化表现为商品、服务、生产要素和信息的跨国界流动的规模不断扩大，形式不断变化，通过国际分工和跨国投资，世界市场范围内的资源配置效率不断提高，各国经济相互依赖程度也日益加深。因此，经济合作与发展组织（OECD）对经济全球化的定义为"在货物和劳务贸易、资本流动和技术转移、扩散基础上，不同国家市场和生产依赖程度不断加深的动态过程"，也即生产要素在全球范围内的广泛流动、以实现资源最佳配置的过程。

在这个过程中，全球经济系统正在发生巨大的变化。例如，金融资本与工业积累的分离，导致资本在全球范围内快速流动，与此同时金融机构在空间上日益集中；知识作为一种重要的生产要素，其生产、分配和流动在生产系统中日益重要；伴随着技术的快速增长而出现的技术国际化趋势；跨国公司的国际垄断不断加深；主要国家的发展战略全球化倾向十分明显。其中，跨国公司是经济全球化的核心力量，对外直接投资和国际（商品和服务）贸易的大幅度增长是其最直接的表现。简要地说，经济全球化可以通过以下表征性现象更加具体地认识。

第一，全球贸易增长速度快于经济增长速度。从图 2-3 可见，自 1970 年以来，在大多数年份中世界的出口增长速度高于经济增长速度（以现价计算的名义增长率）。1970～2014 年，世界经济总量增长了 26.5 倍，而出口增长了 62.2 倍（图 2-4，均为现价）。1990 年，世界货物和服务出口额与全球 GDP 总量的比值只有 18.4%，2015 年上升到 28.5%。这个现象主要是两个原因造成的。一方面，经济全球化使资本在很大程度上可以在全球范围内寻求成本最低的生产区位，导致世界生产活动空间集中的趋势十分明显。例如，在制造业领域，中国生产全球80%以上的手机、笔记本电脑、台式电脑等信息技术产品，以及2/3以上的白色家电产品，而其中的很大一部分是通过国际贸易的形式销往世界各国。另一方面，随着福特大规模生产方式的终结，精益（灵活）生产方式和精细化劳动分工越来越流行，生产活动中"外包"比例逐步上升。这带来了过去三四十年供应链贸易的迅速发展。例如，在东亚内部的贸易总额中，约70%是中间产品贸易。以苹果手机为例，虽然产品组装全部在中国大陆由富士康完成，但70%~80%的零部件来自日本、韩国、中国台湾等国家和地区，包括触摸屏、存储器、处理器、蜂窝无线系统等，而80%左右的产品销售到世界各国。这正是当今世界制造业和贸易模式的典型写照。

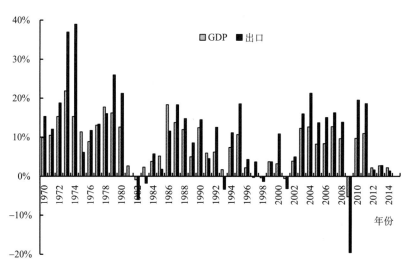

图 2-3 世界 GDP 增速与出口增速

资料来源：世界银行 World Development Indicators。

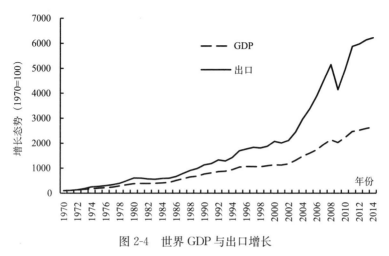

图 2-4　世界 GDP 与出口增长

资料来源：世界银行 World Development Indicators。

　　第二，全球对外直接投资增速快于贸易增速。尽管世界对外直接投资的波动性很大，如有的年份增长速度高达 50％～60％，有的年份出现 30％～40％的负增长，但从长期趋势来看其增长速度明显高于出口增速（图 2-5）。1970～2013 年，全球对外直接投资年流量增长了 93.8 倍，而出口增长了 62.2 倍（均为现价）。这个增长趋势早期主要是欧美发达国家资本输出带来的，与这些国家解决 20 世纪 70 年代遇到的经济增长"滞胀"问题密切相关，催生了彼得·迪肯称之为"全球性产业转移"的现象，这是这些国家资本积累"空间出路"的必然结果。2008 年全球金融危机之后，发达国家对外直接投资增速放缓，而发展中国家对外直接投资迅速上升。根据联合国贸发会（UNTCAD）的统计，2008 年以前发达经济体对外直接投资一直占全世界的 85％以上，2014 年下降到 61％，2015 年又上升至 72％。

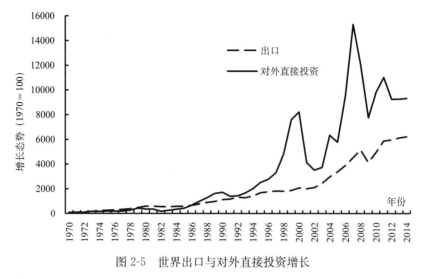

图 2-5　世界出口与对外直接投资增长

资料来源：世界银行 World Development Indicators 以及 UNTCAD 对外直接投资数据库。

　　第三，跨国公司的数量及其垄断地位迅速上升。跨国公司指在两个或以上国家从事生产和经营活动的公司。通常情况下这些公司在一个国家设立总部和经营机构，同时在其他多个国家设立分支机构和生产经营机构。伴随对外直接投资的迅速增长，世界范围内跨国公司的数量迅猛增长。20 世纪 50 年代初期，全球跨国公司数量只有不到 2 000 家，到 60 年代后期增加到 7 000 多家，80 年代初达到 1.5 万家，1997 年进一步上升到 5.3 万家。根据联合国贸发会近年来发布的《世界投资报告》估算，目前全球大约有 7 万～8 万家跨国公司，控制着 70 万～80 万家子公司，遍及 180 多个国家和地区，直接控制着世界经济总量的 2/5，通过其领导的全球生产网络间接控制着世界经济的 3/4 以上，世界贸易总量的 2/3（其中海外子公司的贸易额占世界贸易总量的 38%），以及对外直接投资的 90% 以上。很多大的跨国公司可谓"富可敌国"，对世界经济的影响力巨大。例如，2015 年希腊的国内生产总值为 2 400 多亿美元，而苹果公司的资产为 2 905 亿美元，销售收入为 2 337 亿美元，利润为 534 亿美元。因此，当今世界已经从以国家和超国家机构（国际组织）治理为主，转向"跨国公司—国家—超国家机构"共同治理的时代。在这个时代，如果不能很好地了解跨国公司的运行机制，就难以清晰地认识世界经济的组织模式。

第四，全球经济一体化与碎片化共存。经济全球化推动了投资和贸易的自由化，使世界经济一体化趋势明显。特别是在世界贸易组织（WTO）框架下，世界各国通过贸易活动被紧密联系在一起，形成了日趋一体化的世界劳动分工。WTO 坚持的六大原则，即互惠原则、透明度原则、市场准入原则、促进公平竞争原则、经济发展原则和非歧视性（最惠国待遇和国民待遇）原则，是建立一个完整的（包括货物、服务以及与贸易有关的投资及知识产权等）、更具活力、更持久的多边贸易体系的基础。到 2015 年年底，WTO 已经有 164 个成员国，成员贸易总额占全球的 98%。尽管 WTO 为全球经济一体化提供了积极且重要的平台，但是在众多成员国中达成谈判共识难度非常大；这正是多哈回合谈判取得的进展十分有限的原因①。与此同时，世界范围内小多边和双边的贸易谈判如火如荼。据估计，全球目前已经签署的和正在谈判的小多边和双边贸易协定超过 1 000

---

① "多哈回合"是指世界贸易组织成员之间的新一轮多边贸易谈判，旨在促进世贸组织成员削减贸易壁垒，通过更公平的贸易环境来促进全球特别是较贫穷国家的经济发展。谈判包括农业、非农产品市场准入、服务贸易、规则谈判、争端解决、知识产权、贸易与发展以及贸易与环境八个议题。但是，18 年来"多哈回合"只达成了《巴厘一揽子协定》，别无进展。

个，仅联合国亚太经社理事会（UN-ESCAP）的 53 个成员国之间，就有 167 个已经达成或正在谈判的贸易协定。因此，全球经济一体化与碎片化同时存在，如何维护经济全球化的成果，进一步推动全球经济一体化，成为世界主要经济体在振兴全球经济上面临的突出问题。

第五，全球生产网络正在成为世界经济的主要组织形式。伴随着投资和贸易自由化的趋势，在新的信息技术的支撑下，全球经济出现了新的空间重组，跨国公司的生产活动的空间组织变得更加复杂和活跃，全球范围内跨国生产网络加速形成。自 20 世纪 70 年代以来，随着精益（灵活）生产的流行，生产活动的专业化分工逐步加深，产业链的"片段化"非常明显，原来分散在全球各地的生产"片段"被整合为各种尺度的生产网络。所谓全球生产网络（global production network，GPN）是指以龙头企业（leading firm）为核心形成的价值创造网络，其中的龙头企业具有控制性地位[1]。尽管称之为"生产网络"，但 GPN 并非仅仅指制造过程，而是涵盖了从研发和融资、到生产和流通、再到消费和回收的全过程。GPN 研究主要从价值的创造和俘获、网络中权力分配以及"嵌入性"来分析复杂生产活动的空间组织，是认识跨国公司与国家（地区）关系的有力分析工具，也是认识全球经济一体化如何发生的有效理论框架。据 OECD 估计，目前全球贸易的 80％以上发生在各种全球生产网络之中。

---

① 详细了解全球生产网络参见 Coe N. M. and Yeung W. C. H.，*Global Production Network*．Oxford University Press，2015。

四、经济全球化的局限性

经济全球化对促进世界经济整体增长具有积极作用。1980～2015 年，世界经济年平均增长速度达到 2.86％，经济总规模增长了 5.2 倍；世界商品进出口额达到 33.28 万亿美元，增长 7.3 倍；全球对外直接投资净流入量达到 2.1 万亿美元，增长了 40 倍。然而，这一时期全球经济也经历了包括发生在 1997 年和 2008 年的金融危机，目前仍未从 2008 年金融危机中恢复。2009～2015 年世界经济年均增速只有 2.24％，其中 2009 年和 2015 年按当年名义价格出现了负增长。

另外，通过全球性产业转移，全球经济增长在洲际尺度上呈现均衡化趋势。1980～2013 年，亚洲、非洲和大洋洲经济增长年均速度均高于欧洲和美洲，而后者低于世界平均速度。其中，亚洲增长速度在 4％以上，GDP 增长了 9.3 倍，达到 25 万亿美元。从五大洲 GDP 总规模来看，1980 年欧洲占全世界比重最高，为 41.9％；美洲次之，占 32.1％；亚洲、非洲和大洋洲分别为 20.6％、3.7％和 1.7％。2013 年，亚洲经济规模跃居第一，占世界比重达到 33.3％；其次为美洲，占比为 32.7％；而欧洲下降达到 28.6％（图 2-6）。

但是，与大量关于自由贸易和全球化的学术研究所声称的截然相反，在很多空间尺度上全球化导致了越来越严重的发展不均衡和社会极化问题。经济学研究一直告诉人们，自由贸易和自由投资可以让参与各方都受益。很多主流经济学家用数学模型论证自由贸易可以让各国实现均衡发展，而现实却大相径

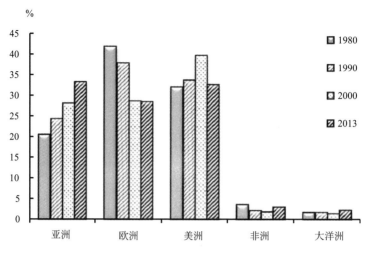

图 2-6　1980～2013 年五大洲 GDP 总量占全世界比重

资料来源：世界银行。

庭（至少在很多空间尺度上如此）。事实上，早在 19 世纪中叶，英国在废除自己的《谷物法案》后就鼓动西欧国家实施完全自由贸易，而仅仅数年之后其他国家便感觉到利益受损，纷纷采取保护主义措施[①]。另外，主流经济学关于自由贸易的理论是基于平均个体认识论的，社会基层很容易被"平均"。事实上，由于连通性的制约以及各地区所处的"社会—空间"位置的差异，不同地区能够从全球化中获益的程度差异极大。特别是，很多发展中国家还没有能够深入参与到全球化进程之中。

根据世界银行数据，1982 年最富裕国家与最贫穷国家人均 GDP 之比为 272∶1，2015 年上升到 336∶1（最富裕的卢森堡人均 GDP 高达 10.2 万美元，而非洲的布隆迪只有 303.7 美

---

① Sheppard，E.，*Limits to Globalization*：*Disruptive Geographies of Capitalist Development*. Oxford University Press，2016.

元）。这种不均衡不仅表现为欧美国家与非洲、亚洲和拉丁美洲国家之间的差距，以及发达国家与发展中国家的差距，而且也表现在发达国家内部。近年来，日本、德国、美国等国家的人口贫困率均呈现上升态势，目前都已达到 15% 左右。最新的研究表明，1970～2014 年美国处于 30 岁的劳动者收入超过其父母的比例从 90% 下跌到 41%，其中下滑最剧烈的是中产阶层。也就是说，70 年代以来美国的收入增长主要集中于高收入家庭，而中产和低收入家庭收入提升越来越困难。其主要原因是稳定的制造业岗位持续流失，例如 1979～2010 年美国制造业岗位从 1 943 万个减少到 1 153 万个，下降了 40%。2016 年，美国中产阶层占总人口的比例已下降到 40%。

另外，全球范围内贫富差距不断扩大。财富向少数人集聚，贫困人口所拥有财产越来越少。乐施会（Oxfam）发布报告称，全球最富有的 62 个人，已拥有相当于世界最贫困半数人口的财富总和，并提出"1% 人的经济"现象，即世界最富有的 1% 人口拥有的财富较其余 99% 还要多，而在过去五年间全球贫困人口财富不增反减。此外，全球化导致的相互依赖性不断提升也导致了脆弱性，产生了各种各样的风险（如疾病，导致商品和服务流动中断的事件等）。控制这些风险，依赖于政治和社会的稳定性。

因此，过去三十多年的经济全球化是欧美发达国家为了解决当时遇到的"滞胀"问题而打造的一套国际经济治理机制，其根基是新自由主义思想。在推行经济全球化的过程中，这些发达国家不但认为市场可以解决所有问题，而且认为世界上存在一条"最佳"发展道路，这就是他们曾经走过的道路，并不断向发展中国家输出这种思想。20 世纪 90 年代的"华盛顿共识"正是新自由主义政策的产物，让苏联和东欧国家陷入多年的经济衰退。可以说，新自由主义经济全球化是一套主要满足资本空间扩张需要的机制。在这个机制下，资本和大公司获得了巨大利益，而社会特别是基层民众付出了巨大代价，导致了严重的社会问题。此外，由于资本可以自由流动而劳动力难以自由流动的内在矛盾，新自由主义全球化是一个导致"几家欢乐几家愁"的过程。任由这套机制主宰世界经济秩序，全球社会矛盾将日益突出，全球可持续发展目标将难以实现。

世界在经历两百多年的经济全球扩张后，在制度、经济和技术因素的共同作用下进入了经济全球化时代，而经济全球化在三十多年后走到"十字路口"，何去何从对于全球可持续发展至关重要。当前，关于经济全球化的争论很多，既有坚定的拥趸者，也有尖锐的批判者。由于中国的经济增长得益于经济全球化，国内外很多学者和媒体呼吁中国去引领全球化。但是，由于新自由主义全球化的局限性，中国不能原封不动地走推动全球化的老路。首先，不能忽视经济全球化带来的负面问题，应该正视这些问题，寻找解决办法。其次，中国获益于经济全球化是因为中国有强有力的政府，能将市场力量与政府力量有机结合起来，而不是照搬西方发展模式。因此，中国应该用自己的发展经验去引领经济全球化机制的改革，为国际经济治理提供中国方案。

第三章 "一带一路"的宏观背景

一些学者或媒体在讨论"一带一路"时喜欢将其归因于某种特定或单一目的，这有失偏颇。按照官方说法，"一带一路"是党中央和国务院统筹国内国际两个大局做出的重大、长远战略。也就是说，"一带一路"的提出并非源于某个单一因素或目的，而是一系列复杂因素构成的宏观格局变化的结果。究其根本，"一带一路"是经济全球化深入发展、世界经济格局变化以及中国自身发展模式转变共同作用的结果。当然，其中也包含了塑造和平稳定的周边环境以及寻求战略性资源供给多元化等因素。

一、全球格局变化

过去三十多年来，全球社会经济格局发生了重大变化，而其驱动力从世界范围看主要是经济全球化。一方面，世界由"核心（发达国家）—边缘（欠发达国家）"二元结构逐步演化为"发达国家—新兴国家—欠发达国家"的三元结构；另一方面，各种尺度的贫富差距持续扩大，全球贫困问题依然突出。

特别是，自 2008 年全球金融危机爆发以来，世界经济持续低迷，贸易增长缓慢甚至出现负增长，各种不稳定事件频出。对经济全球化质疑的声音逐步增强，保护主义和民粹主义呈现抬头趋势。可以说，经济全球化已经走到了"十字路口"。"一带一路"正是在这个大背景下产生的。

过去四十多年，经济全球化对不同区域社会经济发展及其空间过程产生了深刻的影响。一方面，经济全球化促进了全球经济增长，表现在生产要素全球优化配置以及贸易与投资自由化。1970～2010 年，世界经济增长速度年平均达到了 3.16％，总规模增长了 3.47 倍。但是，2008 年全球金融危机以来年均增速只有 2.2％，其中 2009 年和 2015 年按当年名义价格出现了 5％～6％的负增长。另一方面，经济全球化加剧了世界各国（地区）发展的不均衡。由于经济全球化机制的内在矛盾，即资本可以在全球范围内自由流动寻找成本最低生产区位与劳动力难以自由流动之间的矛盾，世界范围内各种尺度的贫富差距急剧扩大。根据扶贫慈善机构乐施会（Oxfam）的研究，2016 年占全球总人数 1％的富人群体所拥有的财富将超过其余 99％全球人口财富的总和[①]。根据世界银行的估算，以 1 美元/日为贫困线，1981～2005 年全球共减少了 6.39 亿贫困人口，其中中国减少了 6.24 亿人，扣除中国只减少了 1 500 万人；若以 1.25 美元/日为贫困线，同期全球共减少了 5.195 亿贫困人口，其中中国减少了 6.274 亿人，扣除中国全世界净增贫困人口 1.08 亿人。此外，一些曾经以收入平均程度高为荣的国家，如德国和

---

① 乐施会全球贫富差距报告（http://finance.chinanews.com/cj/2015/01-27/7009775.shtml）。

日本，近些年也经历了收入差距不断扩大的进程，目前两国的贫困人口比例都在 15％左右。在美国，中产阶层占人口的比例已经下降到 1/2 以下。因此，总的来说，在以新自由主义思潮为基础的经济全球化进程中，资本是最大的赢家，而社会付出了巨大的代价。

不可否认，过去三十多年中国经济的高速发展得益于经济全球化，同时中国也对世界经济增长做出了巨大贡献，改变了世界经济格局（图 3-1 和图 3-2）。改革开放之初，中国国内生

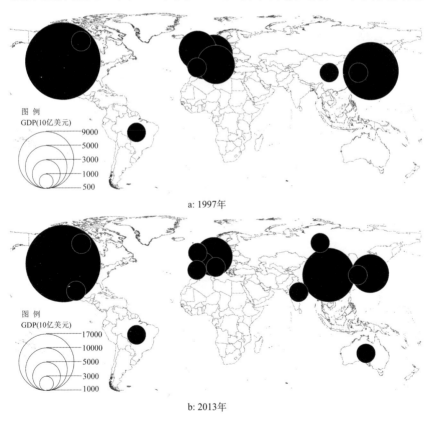

图 3-1 世界主要国家 GDP 规模分布

资料来源：世界银行数据库。

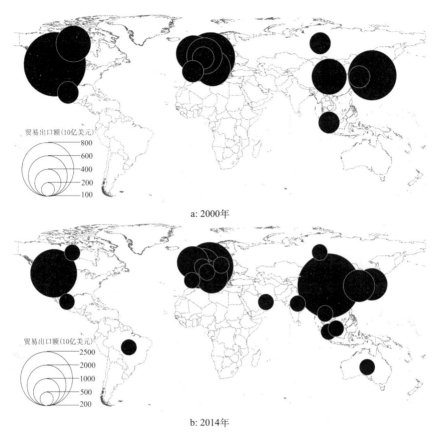

a: 2000年

b: 2014年

图 3-2　世界主要国家出口规模分布

资料来源：世界银行数据库。

产总值（GDP）占世界的份额只有 5％左右（按购买力平价计算）；出口额占世界的比重不到 1.5％。到 2015 年，中国 GDP 占世界的份额已上升到 15.0％（按当年平均美元汇率折算），出口额所占比重上升到 13.8％。相应地，2010 年中国成为世界第二大经济体，2013 年成为世界第一大货物贸易国，2015 年成为世界第二大对外投资国。同时，目前中国还是世界制造业第一大国，占世界制造业产值的 24％（美国下降到 20％左右）。而且，自 2008 年全球金融危机以来，中国对世界经济增长的贡献率平均保持在 30％左右，其中 2013～2015 年平均为 26％。尽管目前中国的经济仍然大而不强，但如此大的经济体（2015 年为 10.8 万亿美元）足以成为世界格局的主要塑造力量之一。而且，在世界各国经济联系越来越紧密的趋势下，如此大经济体的发展和变化必然会对其他相关国家产生重大影响。

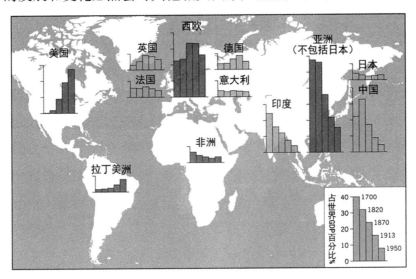

图 3-3 世界经济格局的变化（1700～1950 年）

资料来源：引自 Dicken（2010）。

从更长的历史时期来看，过去三十多年中国经济的崛起是近百年以来世界经济格局的最大变化，也是三百年来世界格局变化中屈指可数的重大事件。根据经合组织原首席经济学家安格斯·麦迪逊的估算，18 世纪初中国 GDP 占全球的比重接近 1/3，而彼时美国在全球的份额还微不足道。但是，两百多年后在新中国成立之时，这个比重已下降为 4.6％，而美国则上升到 27％（图 3-3）。直到改革开放之初，中国 GDP 占全球的比重仍然只有 4.9％（图 3-4，若按官方汇率计算则只有 2％左右）。经过改革开放三十多年的高速增长，目前中国 GDP 占世界的份额恢复到 15％（按官方汇率计算，若按 PPP 方法估算接近 20％）。相应地，美国 GDP 占世界的比重下降到 22.5％。随着中国的崛起，目前东亚地区（包括中国大陆，中国香港、澳门和台湾，日本和韩国）经济总量占世界的比重已经超过美国。以"三极"来衡量，世界经济分布趋于平衡。北美（美国和加拿大）占世界经济份额为 27％，欧盟为 26％，东亚为 25％（按官方汇率计算）。这意味着世界经济格局的巨大转变以及"亚洲世纪"的来临。

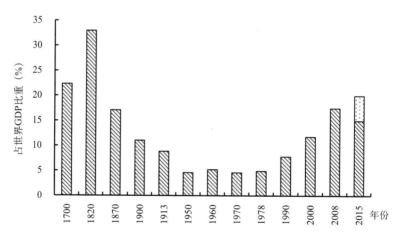

图 3-4　1700～2015 年中国经济总量（GDP）占世界比重的变化

资料来源：Maddison（2009）；2015 年为作者估算值（斜线部分为按官方汇率计算结果，加上点线部分为按 PPP 法估算结果）。

在"二战"后相当长的时期里，世界劳动分工一直被简化为一个"核心—边缘"模型。其中，发达国家是"核心"，主要从事制造业；发展中国家是"边缘"，主要提供原材料和农产品,同时作为发达国家制造品的市场。世界政治和媒体中流行的用语"南南合作"和"南北合作"就是来自这个"核心—边缘"结构。但是,过去三十多年,在经济全球化的驱动下,这个二元结构发生了巨大改变。一方面,发达国家的传统产业转移到了部分发展中国家(如中国),自身出现了制造业"空心化",经济发展的重点转向金融业和高科技行业;另一方面,以中国为代表的部分发展中国家崛起为新兴国家和制造业大国。与此同时,仍有很多发展中国家制造业落后、收入水平低,在劳动分工中主要提供初级产品。因此,世界形成了"核心—中间层—边缘"的三元结构,作为中间层的新兴国家正在发挥越来越重要的世界经济纽带作用(图 3-5)。如何在这个三元结构中推动全球经济治理体系的改革、实现全球可持续发展,是今后若干年世界面临的新课题。

二、中国发展模式的转变

自改革开放以来,中国保持了长达三十多年的高速经济增长,1978~2015 年 GDP 平均年增速达到 9.6%,创造了世界历史上的经济增长奇迹。在此期间,中国的 GDP 从 2 000 多亿美元(按官方汇率计算)增加到 10.8 万亿美元,经济总量按可比价格增长了 30 多倍,成为全球第二大经济体;人均 GDP 从 200 多美元上升到近 8 000 美元,由世界上最贫穷的国家之一成长为一个上中等收入国家。贫困人口由 7.7 亿人(按 2 300 元贫困线计,2010 年不变价)下降到 5 575 万人。针对如此瞩目的经济增长成就,国内外学术界对于"中国奇迹"有很多争论。有人

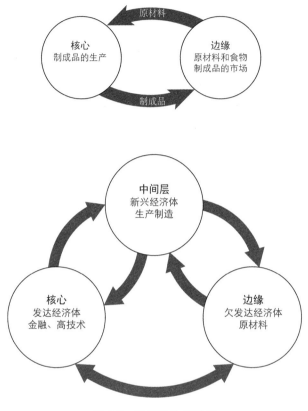

图 3-5 世界结构示意图

认为中国的成功主要是引入市场机制带来的，有人认为是"强政府"发挥了重要作用，也有人认为中国的成功得益于经济全球化。总的来看，经济全球化提供了一个有益的国际大环境和加快发展的可能性，但是中国自身的努力和奋斗，特别是"有效市场"和"有为政府"的结合以及渐进式改革是成功的根本原因。从外部看，中国仍是"强政府"，政府在经济增长中发挥着重要作用；从自身看，中国已经从计划经济转变为市场经济，市场机制是成功的基础。尽管有很多争论，但是中国经济崛起和整体脱贫的模式对其他发展中国家仍有重要的借鉴意义。正因如此,美国著名国际问题专家福山(Francis Fukuyama)曾评论道:"一带一路"倡议是不同发展模式之间的竞争……其结果将决定未来数十年欧亚大陆的命运[①]。

当然,中国取得的经济增长成就也付出了巨大的资源环境代价。1978 年中国的能源消费总量只有 5.7 亿吨(标煤,下同),2004 年上升到 23 亿吨,2015 年达到 43 亿吨;36 年间增长了 6.5 倍。2013 年我国成为世界第一大能源消费国和第一大碳排放国(年排放量,非累计排放)。直至近几年,随着经济增长速度放缓以及结构转型(特别是去产能),中国的能源消费和碳排放增长才逐渐趋缓(图 3-6)。另外,经济增长对于土地特别是耕地的占用速度非常快,2001 年以来年均占用耕地近 350 万亩;土地低效利用和过度利用现象也非常突出。与此同时,大气污染(特别是雾霾)、水体污染、土壤污染、湿地消失、草原退化等一系列生态环境问题,已经严重威胁到中国的可持续发展。因此,转变经济发展方式、建立一个资源环境可持续的经济体系,已经刻不容缓。

从经济系统自身看,中国进入了"新常态"。所谓"新常态"并非仅仅是经济增长速度有所下降,而更多地是发展模式的转变,即从要素高投入和出口导向型发展模式转向依靠创新活动、更加重视国内消费拉动、更加具有全球视野的多元化发展模式。改革开放近四十年来,中国首先凭借着廉价劳动力的

---

① Fukuyama, F., Exporting the Chinese Model, *Project Syndicate*. Retrieved January 12, 2016, from http://www.project-syndicate.org/commentary/china-one-belt-one-road-strategy-by-francis-fukuyama-2016-01.

图 3-6　1990～2015 年中国能源消费及碳排放增长态势

资料来源：《2016 中国统计年鉴》；中国全球变化研究信息中心。

比较优势参与到全球劳动分工中，通过大力吸引外商直接投资和促进出口带动经济增长，形成出口导向型经济发展模式；之后中国大规模发展了资本密集型产业，包括钢铁、有色冶金、机械装备、汽车、高铁、房地产等，依靠投资拉动促进经济增长。2008 年全球金融危机之后，随着国际市场条件的恶化以及国内产能过剩，这种以高强度要素投入和大规模出口驱动的经济发展模式已经走到了尽头，客观上要求中国必须进行产业转型升级，进入到以创新驱动为核心、经济多元化发展、努力开拓新市场的阶段。无论是产业转型升级，还是实施创新驱动发展，都意味着经济活动的空间重组，特别是全球尺度的空间重组。也就是说，中国转变发展方式，必须从全球尺度去谋划、在全球尺度上去配置资源才能实现。习近平主席在 2016 年 8 月 17 日召开的中央推进"一带一路"建设工作座谈会上曾指出，"一个国家强盛才能充满信心开放，而开放促进一个国家强盛……随着我国经济发展进入新常态，我们要保持经济持续健康发展，就必须树立全球视野，更加自觉地统筹国内国际两个大局，全面谋划全方位对外开放大战略，以更加积极主动的姿态走向世界。"

事实上，这种空间重组已经拉开了序幕，其表现就是 2008年金融危机以来中国对外直接投资的迅猛增长（图 3-7）。尽管有所波动，但 2005 年前中国对外直接投资（流量）每年只有数十亿美元，2008 年上升到 559 亿美元，2013 年超过了千亿美元。2015 年，中国对外直接投资达到了 1 456 亿美元，仅次于美国，位居世界第二；显著超过当年吸引的外资（1 356 亿美元）。这标志着中国已经从以"引进来"为主进入到"走出去"和"引进来"并重的发展阶段，将更加积极和深入地融入世界经济体系。实际上，近十年来中国对外直接投资的增长趋势与发达经济体在 20 世纪 80～90 年代的对外投资趋势类似（图 3-8）。如果说当年发达经济体的对外直接投资大幅增长催生了彼得·迪肯称之为"全球产业转移"现象的话，那么中国对外投资的增长趋势有可能意味着第二轮全球产业转移的到来。

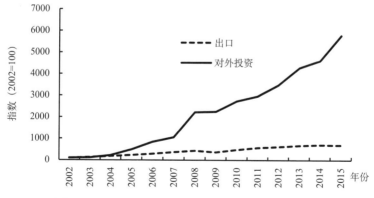

图 3-7　2002～2015 年中国出口与对外投资增长态势

资料来源：《2016 中国统计年鉴》。

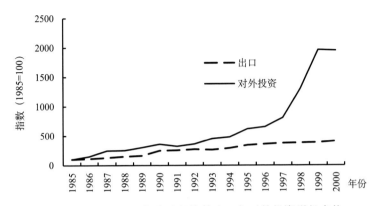

图 3-8   1985～2000 年发达经济体出口与对外投资增长态势

资料来源：UNTCAD 数据库。

简单地分析，近十年来中国对外直接投资的大幅上升源于四个主要原因。第一，随着劳动力成本上升，中国部分劳动密集型产业正在失去国际竞争力，不得不转移到成本更低的国家或地区。2000 年以来，中国城镇就业人员平均实际工资指数上涨飞快，多数年份都达到了 10% 以上的增速；2015 年比 2000 年增长了 4.8 倍。目前，工厂一线工人的成本（直接工资加"五险一金"）已经接近 5 000 元/月。工资较快上涨，一方面让工人们分享了经济增长的实质性好处，但另一方面侵蚀了劳动密集型制造业的竞争力。调研数据显示，中国工厂的劳动力成本已经是印度、越南等国的 1 倍以上，是柬埔寨、孟加拉国等国的 3 倍以上；考虑到劳动生产率因素，这个成本已经接近韩国及中国台湾的水平。正因如此，近年来大批劳动密集型外资企业已经大量转移到南亚、东南亚、非洲等地，中国民营劳动密集型产业也已经开始了转移过程，包括纺织服装、制鞋、玩具组装等。这正是新一轮全球产业转移的直接表现，为很多欠发达国家带来了发展机遇。

第二，中国出现了明显的产能过剩，需要"空间出路"。毋庸置疑，应对2008年全球金融危机的投资刺激计划帮助中国有效应对了当时复杂的国际经济形势，但也带来了不少部门的产能过剩。当前，中国钢铁产能超过12亿吨，水泥熟料产能20亿吨，电解铝产能4 000万吨，汽车产能3 100万辆（仍有600万辆在建产能），造船能力8 000万载重吨（基本上是当前全球的年需求量）。根据资本积累"空间出路"的需要，以及发达国家以往的经验，中国有一部分资本密集型产业需要进行空间转移。这其实是正常的全球产业转移现象和经济全球化的表现，也是很多欠发达国家的机遇。

第三，近二十年来中国一批企业成长为具有国际投资实力的大公司。得益于改革开放的政策以及中国庞大的消费市场，中国很多企业成长速度非常快。这其中既包括具有某种垄断地位的国有企业，也包括在市场中拼杀成长起来的民营企业。根据2016年《财富》世界500强排行榜，中国已经有110家企业名列榜单，其中大陆有97家上榜，而30年之前中国大陆没有一家世界500强企业。这些大公司已经成为名副其实的跨国公司，具有跨国投资的实力。事实上，近年来中国大量的国际并购主要是这些大公司在全球商业扩张的结果。

第四，中国需要在国际市场上寻求战略性资源的保障。中国人均资源占有量相对偏低，多种资源的国内储量难以满足经济发展的需要。当前，中国的铁矿石、铝土矿、铜精矿、原油等重要资源的对外依赖程度都达到了60％。与发达国家走过的路径一样，中国需要不断提高战略性资源保障的安全程度，来满足经济持续发展的需要。市场采购、并购矿山和油田、合资开采等都是市场化的手段。从中国对外投资结构可以看出，2000 年以来采矿业的比例一直很高，保持在 15％左右。

回顾过去三十多年，可以很清楚地看出中国的经济发展和参与经济全球化的过程经历了三个阶段（图 3-9 和图 3-10）。在 20 世纪 90 年代，特别是邓小平同志南方谈话之后，中国吸引的外商直接投资出现了井喷式增长。1991 年中国吸引的外资只有 43.7 亿美元，1996 年增加到 471.3 亿美元，年均增速达到 61％。之后，虽然遇到 1997 年亚洲金融危机，中国仍维持了吸引外资的较高水平。整体上，在 20 世纪 90 年代的十年间，中国吸引外商直接投资年均增速达到了 27.8％，而出口年均增速只有 15.2％。因而，这一阶段可以称为"依赖性全球化"，即通过吸引外资来解决经济增长的资本、技术和管理经验缺乏等问题。1996～2000 年，外资曾经占中国固定资产投资的 8.4％，远高于预算内投资。2000 年之后，特别是 2001 年年底加入

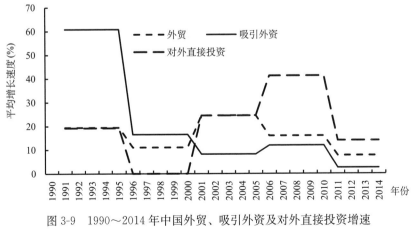

图 3-9　1990～2014 年中国外贸、吸引外资及对外直接投资增速

资料来源：《2015 中国统计年鉴》。

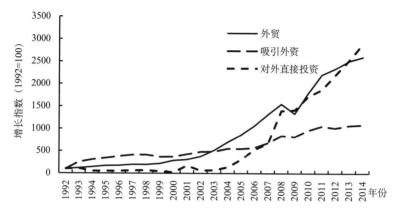

图 3-10　1992～2014 年中国外贸、吸引外资及对外直接投资增长指数

资料来源:《2015 中国统计年鉴》。

WTO 之后,中国经历了外贸出口高速增长时期。2001～2008年,中国出口年均增速达到 23.5%,意味着 3.3 年翻一番。与此同时,吸引外资尽管仍保持快速增长态势,但年均增速下降到 10.8%。这一阶段可以称为"贸易全球化"阶段。随着贸易规模的迅速扩大,特别是贸易盈余的扩大,中国对外投资开始大幅上升。2006～2014 年,中国对外直接投资年均增速达到了 23.7%,而外贸出口和吸引外资年均增速分别下降为 11.8% 和 8.3%。因此,可以明显看出中国已经进入到"资本全球化"阶段。在这个新阶段,保障中国大规模海外投资的利益,并让中国的资本全球化惠及更多的发展中国家和地区、实现共赢,需要一个全新的国家倡议,一个面向全球的国家倡议。

三、其他因素

如上所述,过去三十多年经济全球化的深入发展及其导致的世界格局的巨变，以及中国自身转变发展方式的内在需求，是"一带一路"倡议出现的根本性原因。除此之外，"一带一路"的出现也涉及其他一些因素，包括处理好地缘关系、打造和平稳定的周边环境、提高战略性资源的保障程度等。

自"一带一路"倡议提出以来，部分学者热衷于将其描绘为中国的一个地缘战略。这有悖于该倡议的基本理念。所谓地缘战略一般意义上被理解为地缘政治谋略，讨论的是国家政治行为与地理位置之间的关系，以及国家之间为了谋求生存空间的政治和军事斗争关系。按照 Agnew 的说法，地缘战略是一种思辨性实践，主要用二元的空间想象（如东方与西方、你们与我们等）来讨论外交政策和国家行为[①]。从拉采尔的"国家有机体论"到马汉的"海权论"再到麦金德的"陆权说"，都是在探讨如何控制世界、如何进行势力扩张，特别是借助武力的控制和扩张，其前提是"零和游戏"。在第一次世界大战之后，由于一些地缘政治学说（特别是麦金德的陆权说）被用来服务于纳粹德国的扩张，地缘政治研究曾在相当长的时期里因声名狼藉而衰落。即使是在得到不断恢复的今天，地缘政治研究也主要是为各国制定斗争性国防和外交政策提供参考依据。而"一带一路"倡议的基调是推动合作共赢，不是加剧竞争和斗争。也就是说，"一带一路"建设倡导共同做大"蛋糕"、共同分享，而不是"你多、我少"的"零和游戏"，这与地缘政治所关注的核心问题有不小的差别。

当然，如果地缘战略仅指地缘经济关系，那么它与"一带

① Agnew J., The Territorial Trap: The Geographical Assumptions of Internationalrelations Theory. *Review of International Political Economy*，1994.1（1）：53-80.

一路"存在一定的相通之处，但问题是国际上通常把地缘战略理解为地缘政治谋略，具有进攻性和斗争性。历史经验表明，世界一直是在竞争与合作关系、斗争与伙伴关系的演化中前行的，其中不同的舆论和学说起到了推波助澜的作用。一些学者和政治家们可以将世界理解和塑造为绝对的斗争和竞争关系，推崇"零和游戏"，而其他人有理由倡导和推动合作与伙伴关系。在当今的世界，各国已经被经济全球化进程紧密联系在一起，合作与伙伴关系更加具有积极性和建设性。

尽管"一带一路"建设不是中国的地缘政治战略，但是这并不表明"一带一路"倡议的提出没有任何地缘关系的考虑。在一定程度上，"一带一路"建设包含了处理好地缘关系、打造和平稳定周边关系的考量。中国正处于崛起的关键时期，"中国梦"的实现需要一个和平稳定的国际环境，特别是周边环境，而现实情况是中国的周边地缘环境十分复杂。首先，中国是世界上陆上邻国最多的国家之一，有 14 个之多，仅次于俄罗斯①。"邻居"众多，一定会导致"邻里关系"复杂②。更何况中国与部分邻国（印度和不丹）还没有彻底解决划界问题，部分周边地区的不稳定性很高（如朝鲜半岛、阿富汗等），另一些地区的极端伊斯兰主义和恐怖主义猖獗。如何与发展模式、宗教文化、政治体制、民族结构等方面差异巨大的"邻居"发展和平友好的关系，做到"和而不同"，是中国崛起过程中必须考虑的重大问题。通过"一带一路"建设，让周边国家分享中国经济增长

---

①　在苏联解体之前，中国是世界上陆上邻国最多的国家。苏联解体后，俄罗斯成为陆上邻国最多的国家。

②　相对而言，美国的地缘环境比较"奢华"。美国只有加拿大和墨西哥两个邻居，东、西两侧是大西洋和太平洋。

的溢出效益和实实在在的好处，加快发展、摆脱贫困，有利于搞好"邻里关系"，打造和平稳定的周边环境。

其次，中国并不是一个可以直接拥抱大洋的国家。中国东部和南部的黄海、东海及南海都是需要与周边国家进行划界的近海。目前，在上述海域，中国与周边当事国都存在某种程度的海洋边界争端。众多周知，在中国的东部和南部存在一个完整的岛链，船队远航向北要经过朝鲜海峡、日本海和宗谷海峡，向东要经过宫古海峡或巴林塘海峡，向南要经过马六甲海峡或者巽他海峡、龙目海峡。由于中国在全球承担着"世界工厂"的劳动职能分工，形成了"两头在外、大进大出"的经济发展格局，远洋运输已经是中国社会经济系统的有机组成部分。因而，比起其他声称维护海洋运输安全的国家，中国更加需要一个安全、高效的海洋运输环境。

此外，"一带一路"建设与中国需要加强战略性资源保障的安全程度也有一定的关联性。一个国家的现代化必须有相应的物质资源，特别是战略性资源的支撑和保障。所谓战略性资源是指对社会经济活动起到基础性支撑作用的那些自然资源，如能源、水、土地等。从历史经验看，一个大国的现代化进程其实也是其战略性资源保障空间不断扩张的过程。发达国家在经济崛起过程中曾经利用殖民地体系或者发动战争等非正义途径，来获取经济发展所需的重要资源。而在当今的世界，经济全球化使通过市场化的途径和合作共赢的方式获取资源成为主流。毋庸置疑，采取合理的市场化手段提高中国战略性资源的保障程度，是实现"中国梦"的重要前提。

对于大国而言，其崛起和现代化进程依赖于两类战略性资源。一类是阶段性战略资源，主要是与基本建设有关的那些资源，如铁矿、铜矿、铝土矿等。这些资源在快速工业化和城镇化阶段人均需求量大、增长快，之后需求逐步下降并稳定在一个数量上。而且，随着初级产业向海外转移，其需求量还会进一步下降。例如，美国在高峰期（20世纪70年代初）人均钢材消费量在700公斤左右，目前下降到300公斤左右；日本由高峰期（80年代初）的800公斤左右下降到目前的500～600公斤。另一类是长期性战略资源，即社会经济体系运行和居民日常生活所必需的那些资源，特别是能源。这些资源的人均需求量随着经济发展水平的提高而不断上升，一般在完成工业化和城镇化后达到一个数量并长期保持基本稳定。我国整体上已进入工业化后期，各种阶段性战略资源的人均消耗量基本达到顶峰，在未来十年将进入下降通道。因此，未来可能影响中国崛起的战略性资源主要是能源；提高其保障安全程度至关重要。

中国已是世界第二大经济体，保障社会经济发展的资源需求空间日益庞大。目前，中国不但钢、铝、铜、水泥、玻璃等原材料生产规模世界第一，而且电子、通信、家电、纺织服装、汽车、船舶等20多个大类的制造品产量也已居世界第一位。在此背景下，中国多种战略性资源已经高度依赖国际市场。例如，铁矿石、铜精矿、铝土矿对外依赖度超过60%，原油也已达到60%。据估计，2030年中国一次能源消费总量有可能达到55亿吨标煤左右，其中原油在7亿吨左右、天然气接近5 000亿立方米，届时可能需要进口原油近5亿吨、天然气1 800亿立方米。如何稳定地获取这些战略性资源并安全地运到国内，已经成为必须在更高层面进行缜密思考和筹划的重大问题。在这方面，获取途径和运输渠道的多元化是关键。

从资源禀赋条件看，丝绸之路沿线国家资源富集条件较好。例如，在油气资源方面，俄罗斯、中亚和中东地区都是非常富集的区域。据估计，世界已发现可采油气储量的 2/3 分布在丝绸之路沿线国家。这为采取合作共赢的方式提高中国的战略性资源保障程度提供了良好的前提条件。近年来，中国油气进口高度依赖中东的局面正在改善；中国已经与俄罗斯、哈萨克斯坦、土库曼斯坦等国家签署了大规模的油气购买协议。因此，加强与丝绸之路沿线国家的经贸合作，推动油气资源进口多元化，有利于提高中国的能源保障安全程度。

从远洋运输来看，中国战略性资源进口以及商品出口主要涉及以下六条航线，即中东航线、南美航线、北非航线、东非航线、西非航线和北美航线。除北美航线外，所有这些航线上的远洋运输都要经过马六甲海峡。当然，霍尔木兹海峡、莫桑比克海峡和曼德海峡也是重要的战略节点。其中，中国进口原油的 70%～80% 和其他海运货物的 50% 以上要经过马六甲海峡；这形成了众说纷纭的"马六甲困境"。尽管中国致力于维护海洋运输环境的安全，但始终存在"城门失火，殃及池鱼"的可能性。由于中国"两头在外、大进大出"经济发展格局的存在，一旦马六甲海峡出现这样或那样的问题，中国经济将受到严重打击。因此，运输通道的多元化已经是难以回避的战略性问题。打造陆路运输通道，并将海、陆运输通道有机衔接，也是提高中国战略性资源保障安全程度的重要手段。

第四章 "一带一路"建设的内涵与思路

一、核心内涵：包容性全球化

当前，对于"一带一路"仍存在各种不同的解读。根据上述宏观背景分析以及《愿景与行动》，我们认为"一带一路"建设是包容性全球化的倡议，将开启包容性全球化新时代。

《愿景与行动》明确提出，共建"一带一路"将"秉承开放的区域合作精神，致力于维护全球自由贸易体系和开放型世界经济"，"旨在促进经济要素有序自由流动、资源高效配置和市场深度融合，推动沿线各国实现经济政策协调，开展更大范围、更深层次的区域合作，共同打造开放、包容、均衡、普惠的区域经济合作架构"。这其实正是经济全球化的写照。但是，"一带一路"建设并非简单延续新自由主义的经济全球化，而是基于"和平、友谊、交往、繁荣"的丝绸之路文化内涵（丝路精神）和"共商、共建、共享"的原则，倡导沿线国家发展战略的对接，通过寻找利益契合点和发展的最大公约数来促进共同发展、实现合作共赢。从这个角度看，"一带一路"建设是"丝路精神"与经济全球化理念的有机结合，是开创包容性全球化道路的一种尝试。

如前所述，过去三十多年的全球化是资本积累"空间出路"和新自由主义思潮结合的产物，其精髓是"华盛顿共识"倡导的经济自由化、完全的市场机制和全盘私有化，放弃政府在国家和世界经济治理中的权力和作用。当然，从结果看被"华盛顿共识"治疗的国家中几乎没有成功摆脱增长困境的。因而，一方面，经济全球化推动了世界经济增长；另一方面，它也带来了各种尺度的不均衡问题和社会问题，特别是贫富差距的持续扩大。可以说，在新自由主义的经济全球化下，资本是最大的赢家，而社会付出了巨大代价。这正是近年来经济全球化受到质疑的根本原因。进一步推进全球化需要尝试新的全球经济治理模式，其核心是将如何发挥好政府维系社会公平和市场公平的作用，并将之与市场机制下资本积累的强大力量结合起来，让经济发展和全球化惠及更多的地区和人口。

20 世纪 80 年代以来，中国通过渐进式改革开放不断深入地参与了经济全球化进程。一方面通过引进资本、技术和管理经验等推动了自身经济的腾飞，另一方面逐步建立起了基本适应经济全球化的治理机制。应该承认，中国的经济高速发展得益于经济全球化，同时也对世界经济增长做出了巨大贡献，改变了世界经济格局。现在，中国的经济已经与世界紧密联系在一起；中国离不开世界，世界也离不开中国。因此，中国需要为维护经济全球化的成果、发展经济全球化的机制做出更大的贡献，在推动世界经济增长上发挥更大的作用。在此背景下，"一带一路"建设正是推动经济全球化向包容性发展的努力。

所谓包容性全球化是针对过去三十多年的新自由主义全球

化而言的，两者之间既有联系也有根本性区别。包容性全球化不是全球化开倒车或"逆全球化"，而是全球化的发展和改革。就技术驱动的全球化而言，两者是一脉相承的；就资本"空间出路"驱动的全球化而言，两者的基本机制是相同的。两者之间的根本区别在于全球化不能仅仅为资本空间扩张和积累服务，也要照顾到活生生人们的需要。这要求国家发挥好"调节者"的作用、解决资本市场"期限错配"问题、各国选择适合国情的发展道路、保障各方平等地参与全球化，以及在经济全球化过程中保护文化多元性。这些便是包容性全球化的核心内涵和主要表现。

（1）增长的包容性。要发挥好国家"调节者"的作用，让经济增长具有包容性。无论是全球发展还是国家发展的研究与实践，自由市场与政府干预之间的关系一直是焦点。从 20 世纪初的剑桥学派的经济自由主义到 30 年代开始的凯恩斯学派的政府干预主义，再到 80 年代占据统治地位的新自由主义，政策实践的着力点犹如"跷跷板"，在完全自由市场与政府干预之间不断轮回。哈维曾指出，在新自由主义流行时代，国家的主要职能就是为资本的全球扩张提供良好的条件和环境，而解决新自由主义实践所积累的庞杂问题则需要重构国家的权力。当然，这不意味着必须重回凯恩斯主义，但某种形式的干预主义肯定是必要的。特别是，国家需要从主要服务于资本积累和扩张转向更加重视社会公平，并提高治理能力。首先，各国政府需要加强合作以应对全球挑战，如金融市场的动荡、气候变化等；其次，国家需要强化保护基层民众和贫困人口的能力，如再就业培训、创新创业能力培育、减贫脱贫等；第三，国家需要具备对资本市场的引导能力和资源配置能力，以及提供基本公共服务的能力。"一带一路"倡议非常重视政府的作用,首先强调的就是沿线国家的政策沟通以及发展战略对接、规划对接和项目对接,积极寻找利益契合点。这样的发展并非仅仅满足资本"信马由缰"的空间扩张需要,而是考虑到欠发达地区和基层民众的需要,将让更多的人和更多的地区受益,体现了强大的包容性。

(2)基础设施发展的包容性。要扭转资本市场"期限错配"局面,将可靠且可负担的基础设施延伸到欠发达地区。很多研究已经表明,连通性(connectivity)是一个地区从经济全球化中获得发展机遇的前提,并且投资于瓶颈制约性基础设施也会刺激经济增长、获得社会和金融回报。而现实却是另一幅图景,尽管现代化基础设施已经将世界上很多地区连接成网络化的"小世界"和发达的市场体系,但全球仍然有很多地区和数十亿人口没有进入到这个现代化的体系之中;同时一些发达国家(如美国)的大量基础设施已经老化却没有得到及时更新。这个问题的出现与近三十年来全球资本市场的变化有很大关系。传统的储蓄银行和投资银行曾是金融市场的主角,但最近三十年这些传统金融机构的地位不断下降,取而代之的是各种新的金融中介机构,如养老金、对冲基金、主权基金、保险公司等。Gordon Clark 的研究表明,经合组织(OECD)国家的养老金已经是最大的储蓄和投资机构。例如,2016 年英国的养老金规模高达 3.5 万亿美元,比 1987 年增长了 7 倍多;美国的养老金规模更高达 27 万亿美元。此外,全球主权基金的规模也达到了15 万亿美元。这些新的金融中介机构更倾向于在金融市场进行投机性投资或短期投资,属于典型的"热钱"。诺贝尔经济学奖获得者 Stiglitz 曾讲到,"对对冲基金来说,一个季度几乎就是永恒了"。而基础设施建设项目具有规模大、周期长、资本密集的特点，回报期长，得不到"热钱"的青睐。因此，全球基础设施融资市场存在着严重的"期限错配"，需要更多的"耐心资本"。中国政府提出的"一带一路"倡议的优先领域之一就是设施互联互通，并将提供大量基础设施建设融资，有助于欠发达国家和地区加快接入现代化基础设施网络的进程，从而获得发展机会。这正是"一带一路"倡议受到很多发展中国家欢迎的重要原因之一。

　　（3）发展道路的包容性。要放弃推广统一发展模式或最佳实践。换言之，全球化不需要一个统一的发展模式。伴随经济全球化，美、英等国不断把新自由主义思想输送给其他国家，特别是发展中国家。20世纪90年代中期由国际货币基金组织、世界银行联合美国财政部主导制定的"华盛顿共识"成为标准药方，为全球经济设置了标准和原则。一旦哪个国家需要金融援助时，这个国家就必须按照"华盛顿共识"采取新自由主义经济政策，否则就得不到援助并面临崩溃的危险。一直到2008年全球金融危机之前，世界银行一直向发展中国家兜售其"最佳实践"，其中的"精髓"就是私有化、市场化和自由化。近二十多年的经验表明，被迫采纳"华盛顿共识"的国家几乎都陷入了经济困境，丧失了经济独立自主的地位。而没有采纳这个标准药方的中国，通过"摸着石头过河"的方式探索出了适合自己的发展道路，实现了经济的腾飞。正因如此，不同于新自由主义全球化，中国提出的"一带一路"倡议不认为世界上只有一条最佳发展道路（即发达国家走过的路），而是强调每个国家应该根据发展条件和自身基础选择适合自己的发展道路。中国国家主席习近平在"一带一路"国际合作高峰论坛曾指出，中国不干涉别国的意识形态，不输出自己的发展模式，着眼于互利共赢，共同做大"蛋糕"、共同分享。

（4）参与的包容性。要保障各方平等地参与全球化。正如其概念所包含的，全球化是世界各国和人民共同的事业。尽管世界强国是全球化的推动者，但各国应该有平等参与的基本权利。历史经验表明，在此前的经济全球扩展过程中，强者总是以霸权的姿态出现。无论是早期以英、法为代表的殖民主义贸易扩张，还是后来以美国为代表的帝国主义资本全球扩张，都是极不平等的国际经贸形式。在近三十多年的经济全球化过程中，大型跨国公司成为新的强者，具有某种霸权地位和巨大的权力，让很多国家在与其谈判中处于弱势。刘卫东等利用"被动嵌入"的理论概念曾揭示道，大国在全球化中拥有天然的优势地位。在进一步推进全球化过程中，如何照顾到"弱者"无疑是包容性的一个关键问题。"一带一路"倡议坚持"开放包容"和"平等互利"的理念和"共商、共建、共享"的原则，把寻找发展的最大公约数放在首位，突出共同发展、共同繁荣；而且，该倡议不画小圈子、不搞"一言堂"，秉持开放的态度，欢迎有兴趣的国家或地区以适当的方式平等地参与。"一带一路"国际合作高峰论坛《联合公报》专门强调，要特别关注最不发达国家、内陆发展中国家、小岛屿发展中国家等。这正是"一带一路"倡议强大包容性的体现。

（5）文化的包容性。在经济全球化过程中要保护文化的多元化。过去三百年来，西欧和北美国家率先崛起为发达国家，在全球经济扩张中占据着主导地位。这一方面让这些西方国家产生了自我为中心的意识形态和绝对的文化优势感，另一方面在强大压力下也让很多发展中国家产生了文化自卑感。尤其是近几十年来，伴随经济全球化力量越来越强大，在主观和客观因素共同作用下，很多国家的文化独立性变得岌岌可危起来。好莱坞电影、麦当劳快餐文化、颜色革命等席卷了很多国家和地区，带来了各种各样的文化冲突；这种西方中心论和文化优势论所带来的恶果，非常不利于全球可持续发展。而古丝绸之路流传下来的"互学互鉴"精神则反映出完全不同的文化价值观。基于"丝路精神"的"一带一路"倡议尊崇"和而不同"的文化价值观，强调在维护文化多元性的基础上共谋发展、共求繁荣、共享和平。所谓"和而不同"就是平等对待、互学互鉴，以及多样性与统一性的共存。中国国家主席习近平多次强调，"一带一路"倡议不以意识形态画线，不搞政治议程；人类文明没有高低优劣之分，文明因为平等交流和相互学习而变得丰富多彩，变得更有创新力。

根据《愿景与行动》，"一带一路"可以用"一个核心理念"（和平、合作、发展、共赢）、"五个合作重点"（政策沟通、设施联通、贸易畅通、资金融通、民心相通）和"三个共同体"（利益共同体、命运共同体、责任共同体）来简单地表达。其核心内涵是借助丝绸之路的文化内涵推动国际区域经济合作，既满足中国资本"走出去"的需要，也造福当地人民。

在 2017 年 5 月 14~15 日举办的"一带一路"国际合作高峰论坛上，很多国家首脑在演讲中都指出，"一带一路"建设具有强大的包容性，将让更多的地区分享全球化的好处。例如，巴基斯坦总理谢里夫认为，"一带一路"倡议表现出强大的文化多元性和包容性，为处于全球化边缘的人们提供了发展机遇。法国前总理德维尔潘认为，"一带一路"建设是联通古今、通向未来的桥梁，旨在发展的道路上"不让一个人掉队"。智利总统巴切莱特、土耳其总统埃尔多安、捷克总统泽曼、埃塞俄比亚总统穆拉图等都表达了同样的期待。联合国秘书长古特雷斯在高峰论坛前夕接受中央电视台采访时曾指出，"一带一路"非常重要，能够把世界团结在一起，促进全球化朝着更公平的方向发展。

《"一带一路"国际合作高峰论坛圆桌峰会联合公报》提出，"共同致力于建设开放型经济、确保**自由包容性贸易**……携手推进'一带一路'建设和加强互联互通倡议对接的努力，为国际合作提供了新机遇、注入了新动力，有助于推动实现**开放、包容和普惠的全球化**……实现包容和可持续增长与发展"。可以说，推动包容性全球化是在"一带一路"国际合作高峰论坛上各国首脑达成的重要共识。

二、建设思路

"一带一路"是中国为应对世界格局变化、适应发展方式转变而提出的全新国家战略①，是全方位对外开放的统领性战略，是实现"开放发展"的主要旗帜和载体。中国"十三五"规划

---

① "战略"是一个容易引起歧义的词。在中文语境下，战略更多的是指对于一件事情的谋划或长期规划，如主体功能区战略、新型城镇化战略、创新驱动发展战略等；在有些外文环境下它更多的是军事用语，将"战略"直译为外文有时会引起误解。本书是中文出版物，因而在一些情况下使用了"一带一路"战略的说法。但更多时候，书中使用了"一带一路"建设和"一带一路"倡议。

提出了"创新、协调、绿色、开放、共享"五大发展理念；其中的"开放"与以往所提"改革开放"中的"开放"有显著的区别。过去三十多年中，中国的"开放"主要是单向的，即积极顺应全球产业转移的趋势、吸引外资参与中国的经济建设，而以"一带一路"建设为标志的"开放"是双向开放，是"走出去"与"引进来"有机结合的开放，是中国真正在全球范围思考发展路径、进行资源配置的整体谋划。因此，这个全新的国家战略需要有别于国内建设的新视野和新思路。

应该清醒地认识到，"一带一路"既不是单纯的国内工作，也不是单纯的国际工作，而是国内外紧密相连的一项工作，需要统筹国内、国际两个大局，综合考虑建设问题。要解决好国内深化改革与全面开放及"走出去"战略的协调问题，以国内改革工作支持"一带一路"建设，以"一带一路"建设促进国内改革工作。同时，由于涉及与周边国家的合作，因而经济带的建设不能仅考虑中方的利益，还要充分考虑和照顾相关合作国的利益，积极寻求利益契合点和发展的最大公约数，深化全方位务实合作，打造利益共同体。

第一，"一带一路"建设是中国真正走向全球的战略，需要进一步的体制机制改革才能深入推动和长期实施。过去三十多年中国的开放战略以"引进来"为主，核心机制是"招商引资"，主要发挥了部门和地方的积极性，可谓"各路英雄、各显神通"。现在要走向全球、到别人家里去"做客"，需要不一样的体制机制。应调动国内各方面积极性，加强统筹协调，集成政治、经济和文化资源，精心组织、科学安排、把握节奏、注重实效，有力有序有效推进"一带一路"建设。另外，也要符合国家治理体系现代化的趋势，在具体工作上分清政府、企业、事业机构、非政府组织的不同职责，各司其职。政府不要包办一切，要充分发挥企业、事业机构和非政府组织的作用。此外，要熟知国际规则和惯例，加强与国际机构的合作，将中国的一国之事变成国际上共同推动之事。企业对外投资也应争取联合不同国家的利益攸关者，采取联合投资的方式化解风险。

客观地说，当前中国的体制机制还不适应走向全球的需要。虽然很多政府部门都有涉外部门，如国际合作司之类的设置，但都是从事各自传统业务范围的国际交往，而且"各自为政"的现象比较突出，谋求维护各自传统资源配置领域和权利的倾向也很明显。因而，推进"一带一路"建设需要设立一个实体的统筹协调机构，而不仅仅是成立一个领导小组。从国际经验看，主要发达国家都有统领涉外开发的机构，如英国的国际发展部（DFID）、德国的国际合作机构（GIZ）、日本繁荣国际协力机构（JICA）、法国的企业国际发展署（Ubifrance）。美国更甚，其国务院就是统筹处理全球事务的机构（这与中国的国务院有很大差别），而且其下设置有美国国际开发署（USAID）。目前，中国并无这样的机构来统筹海外开发和对外援助工作，不利于"拧成一股绳"。因此，成立中国的"国际开发署"或类似机构，是深入推进"一带一路"建设的重大举措，已经刻不容缓。

第二，"一带一路"是一个包容性全球化的平台，而不是中国的政府工程。"一带一路"倡议提出三年多来，中国政府推进"一带一路"建设的力度非常大，已经与30多个国家签署了共建"一带一路"合作备忘录，与20多个国家签署了产能合作协议，设立了专门服务于"一带一路"建设的丝路基金，倡议成立了与"一带一路"建设可以相互配合的亚投行，大量的新闻报道也主要停留在政府合作层面。这使外界形成了一种比较强烈的感觉，即"一带一路"似乎是中国的政府工程。而实际上，"一带一路"是中国为世界提供的一个公共服务平台，是为全球资本流动服务的平台，是包容性发展的平台。因此，在深入推进"一带一路"建设工作中，应该更加注重资本市场和企业的主体作用，不仅仅是中国的企业，也要积极吸引国际资本参与建设。

第三，"一带一路"是一项具有长期性和战略性的重大工作，不能抱有"一蹴而就"的心态。应做好顶层设计，尽最大努力克服"条块分割"，以国家整体利益为重，稳扎稳打地做好每一项关键工作。要立足周边，先易后难，以毗邻地区和双边合作为突破口，以有明确合作意向和利益契合点的项目为切入点，以战略性优先项目为重点，做好开局工作，树立友好合作的典范，为"一带一路"的建设打下坚实的基础。过去三十多年中国高速经济增长的路径或多或少地培养了一种"求快"的大众心理。特别是一些基层官员，凡事都想在一两年内见到巨大效果，取得政绩。这种心态对于"一带一路"建设十分不利。有序推动"一带一路"建设，需要摆脱长期以来国内建设工作中形成的"速度至上"的心理预期。既要抓紧历史机遇，也要避免急躁心理。应深刻认识到，"一带一路"是统筹中国全方位对外开放的长远、重大战略，不是谋一时、谋一事的战略。而且，"一带一路"建设需要大量与沿线国家对接的工作，不是我们想多快就多快、想怎么干就怎么干。由于中国面临着复杂的国际环境，"一带一路"建设需要有长远打算和系统布局，需要有战略定力，要谨防因急躁情绪而失误。

第四，"一带一路"建设需要将"走出去"与"引进来"有机结合，推动中国产业升级和发展模式转变。资本"走出去"是"一带一路"建设的重要内容，但不能由此而认为"一带一路"建设就是单向的资本"走出去"。由于中国与发达国家仍然存在很大的技术梯度差，在未来相当长的时期里中国仍必须高度重视"引进来"。实际上，经济全球化就是各国之间相互投资不断加深、实现优势互补的过程。过去三十多年，欧美发达国家既是对外投资大国，也是吸引外资的大国。因此，"一带一路"建设需要在鼓励资本"走出去"的同时，继续高度重视资本"引进来"工作，并将两者有机结合起来。只有这样，才能通过国际经贸合作推动中国产业的转型升级和经济的持续健康发展。由于中国地域辽阔、地区间发展水平差异大，并不是所有地区都已经进入到大规模"走出去"的发展阶段。各地区需要根据自身特点，科学确定参与"一带一路"建设的工作重点，不能盲目跟风。一味追求"走出去"，将导致不必要的投资风险。在"走出去"过程中，也要分门别类地鼓励企业以适宜的方式"走出去"。要有"走出去"的顶层设计，对于不同类型的"走出去"要给予不同的政策支持。顶层设计所考虑的核心因素是中国的产业转型升级和就业岗位，而不是资本是不是"走出去"了，以及"走出去"的量有多大。既要谨防因"走出去"而形成中国的制造业的"空心化"，也需要积极防范"走出去"的各种投资风险。

第五，"一带一路"建设需要将人文合作置于政府工作的优先位置，包括文化、教育、科技、体育等方面的交流，以及民生援助工作。要充分重视宣扬丝绸之路的文化内涵，让有关国家充分理解中方提出"一带一路"的意图是推动包容性全球化，追求共同做大"蛋糕"和共同繁荣，以实际工作逐步消除"资源掠夺者""中国威胁论"等负面舆论的影响。近年来由于中国企业"走出去"的经验不成熟，没有充分考虑当地的社会文化传统，也没有尽到企业的社会责任，再加上一些别有用心的国家暗中鼓动，使得中国在周边国家的正面形象遭到一定程度的诋毁。同时，由于中国经济体量庞大，很多周边国家对与我国合作持有矛盾心理，既希望通过合作促进本国经济发展，又担心被中国的经济扩张吞噬。为了让"一带一路"建设能够更为平顺、长远地持续下去，中国必须加强与沿线国家的民心沟通。只有民心通、民心和，才能消除周边国家的担忧和疑虑。

三、空间内涵

从表面看，"一带一路"是一个具有高度空间选择性的战略概念。"带"与"路"都是指条带状的经济体，在空间上是排他的。这种字面意义上的理解已经引起了不少对"一带一路"战略的误解。例如，某些省份认为自己在"一带一路"上具有某种特殊的、排他性的地位，而另一些省份认为自己与"一带一路"建设没有什么关系。事实上，"一带一路"具有多重空间内涵，是一个跨尺度的概念。

首先，"一带一路"不是一个封闭的体系，没有一个绝对的边界。也就是说，没有办法在地图上准确表达其空间范围。"一带一路"从根本上是一个开放、包容的国际区域经济合作网络，愿意参与的国家都可以参加，即它不是一个排他性的平台。因而，尽管此前外交部曾经提到"一带一路"沿线有 60 多个国家和 40 多亿人口，但是《愿景与行动》并没有给出具体范围和国家清单，而是指出"一带一路"贯穿欧亚非大陆。在"一带一路"国际合作高峰论坛，习近平主席曾指出，"'一带一路'建设植根于丝绸之路的历史土壤，重点面向亚欧非大陆，同时向所有朋友开放。"

其次，由于"一带一路"是一个国际区域经济合作网络，因而它必然以国家间的合作为主，而不是相邻国家的次区域合作。对于中国国内而言，尽管《愿景与行动》提到了一些省份和城市，例如将新疆和福建分别建设为"丝绸之路经济带"和"21 世纪海上丝绸之路"的核心区，打造西安内陆型改革开放新高地以及重庆、成都、郑州、武汉、长沙、南昌、合肥等内陆开放型经济高地，加强上海、天津、宁波、广州、深圳等城市建设，但是并不意味着这些省份和城市具有排他性的地位。实际上，所有地区都可以参与"一带一路"的建设。尤其是经贸合作、人文合作、金融合作等共建工作，绝不是《愿景与行动》中提到的省份和地区的"独家"任务。一些没有提到的省份与沿线国家的贸易往来和人文交流反而更密切，如江苏和山东。《愿景与行动》提到某些省份和地区的定位，其主要出发点是将"一带一路"建设与国内已有的区域发展战略结合起来，形成东中西互动合作的局面，促进相对均衡的发展和尽快提升对外开放的水平，而不是限定某些地区属于"一带一路"，其他地区不在其列。

最后，共建"一带一路"涉及设施互联互通，特别是国际海陆运输大通道建设，这部分工作确实有具体的空间指向和空间范围。例如，《愿景与行动》提出"丝绸之路经济带重点畅通中国经中亚、俄罗斯至欧洲，中国经中亚、西亚至波斯湾、地中海，中国至东南亚、南亚、印度洋"的通道，"21世纪海上丝绸之路重点方向是从中国沿海港口过南海到印度洋，延伸至欧洲，从中国沿海港口过南海到南太平洋"。也提到了"共同打造新亚欧大陆桥、中蒙俄、中国—中亚—西亚、中国—中南半岛等国际经济合作走廊"，以及推进中巴、孟中印缅两个经济走廊建设。在这些具有明确空间指向的通道和走廊上，将会有比较多的基础设施共建工作。也就是说，"五通"中的设施互联互通具有更多的小尺度、次区域特征，而其他"四通"则更多的是国与国之间的合作。

由于对其多重空间性和跨尺度特点了解不够，国内一些官员、学者和媒体习惯于将"一带一路"视为中国的区域发展战略。这在一定程度上造成了混淆。"一带一路"是统筹中国全方位对外开放的长远、顶层战略，也是中国与沿线国家共同打造开放、包容的国际区域经济合作网络的倡议，因而它必然是一个国家战略，而不是区域战略。当然，由于多重空间性，这个国家战略具有显著的区域影响。但是，如果因为其具有区域影响就将其称作中国的区域战略，将有损这个战略的地位和作用，也会引起沿线参与国家的疑虑。因此，"一带一路"不能与"京津冀协同发展"和"长江经济带建设"共称为新时期中国的三大区域战略。

尽管"一带一路"是一个开放体系，愿意参与的国家都可以参加，但是在实际工作中还是需要有空间重点。根据中国提出的建设愿景，这个重点就是"六廊六路、多国多港"①。至于具体在哪些国家和地区优先开展建设工作，完全取决于中国与沿线国家战略对接的成熟度，以及利益契合点的共商结果。例如，当前中国已经与哈萨克斯坦提出的"光明之路"战略对接，与蒙古国的"草原之路"战略对接，与俄罗斯的"跨欧亚运输大通道"战略对接，与巴基斯坦的"2025愿景"对接，由此展开了中蒙俄经济走廊和中巴经济走廊的建设，以及中哈产能合作进程。

参 考 文 献

Chetty R., Grusky D., Hell M. et al, The Fading American Dream: Trends in Absolute Income Mobility Since 1940. *Science*, 2017, 356 (6336): 398-406.

Clark G. L., Financial intermediation, infrastructure investment and regional growth, *Area Development and Policy*, 2017, 2 (3): 217-236.

Harvey D., A Brief History of Neoliberailism. New York: Oxford University Press, 2007.

Henderson J., Nicholas Jepson, Critical transformations and global development: materials for a new analytical framework, *Area Development and Policy*, 2017, DOI: 10. 1080/23792949. 2017. 1369856.

Liu, W. D., Peter Dicken, Transnational corporations and 'obligated embeddedness': foreign direct investment in China's automobile Industry, *Environment and Planning A*, 2006, 38 (7): 1229-1247.

Sheppard E., Limits to Globalization: Disruptive Geographies of Capitalist Development, Oxford, UK: Oxford University Press, 2016.

Stiglitz J. E., Vanity Fair, 2015, December 27, 2016（引自林毅夫、王燕，2017）。

---

① "六廊"是指打通六大国际经济合作走廊，具体见正文；"六路"是指推动铁路、公路、水路、空路、管路、信息高速路的互联互通。"多国"是指培育若干支点国家，"多港"是指构建若干海上支点港口。

林毅夫、王燕："新结构经济学：将'耐心资本'作为一种比较优势"，《开发行金融研究》，2017年第1期。

佟家栋、刘程："'逆全球化'浪潮的起源及其走向：基于历史比较的视角"，《中国工业经济》，2017年第6期。

韦伟强："哈耶克、凯恩斯之争谁赢了？——评新自由主义与凯恩斯主义的兴衰及对我国经济的启示"，《理论观察》，2006年第6期。

第五章 "一带一路"建设若干重大问题

一、"一带一路"建设与区域发展战略的关系

虽然"一带一路"不是中国的区域发展战略,但毫无疑问将对后者产生巨大影响。如何将"一带一路"建设与"西部大开发、东北振兴、中部崛起和沿海率先现代化"四大传统战略以及"京津冀协同发展""长江经济带建设"两个新战略进行对接,既是各级政府和领导关心的重要工作,也是让社会各界感到有些困惑的议题。厘清这些战略之间的关系并不容易,但把握"一带一路"与其他战略的区别却很简单。"一带一路"是中国与沿线国家共同打造开放、包容、普惠、均衡的国际区域合作架构的倡议,需要处理的主要是国家之间的合作关系,而其他战略则是解决国内特定区域开发问题的制度性安排。因而,"一带一路"是更为顶层的和管总的战略,对区域发展战略具有指导性作用。

这种指导性作用体现在"双向开放"以及重点经济走廊建设给不同地区带来的不同机遇。毫无疑问,全方位对外开放,特别是欧亚大陆内部交通可达性及贸易便利性的改善,将给西

部地区和东北地区带来新的发展机遇，让很多"末梢"地区成为开放的前沿，促进要素在这些地区的集聚。但是，在了解存在巨大机遇的同时，也要清醒地认识到内陆开放与沿海开放的区别。后者可以通过海洋运输实现全球性开放，是"1＋N"的开放；而前者往往是与对面国家间的相互开放，即使是设立了对第三方开放的口岸，也依赖于相邻两国之间的交往关系。毕竟，在这个世界中陆地上（南极大陆除外）没有各国的公共空间，而海洋则主要是公海。

具体讲，"一带一路"建设有助于中国实现比较均衡的国土开发格局。新亚欧大陆桥、中国—中亚—西亚经济走廊及中巴经济走廊的建设，将改变中国西北地区长期以来在对外开放中的区位劣势，加快该区域尤其是新疆的发展。中国—中南半岛和孟中印缅经济走廊建设有利于加快西南地区的对外开放，对于促进云南和广西加快发展尤为重要。中蒙俄经济走廊建设通过提升东北地区的对外开放程度，为东北再振兴注入新动力。此外，"一带一路"建设将为沿海地区提供更广阔的市场腹地，有助于推动该地区的产业转型升级和提升在全球劳动分工中的位置。与沿线国家发展更加紧密的经贸联系和人文交流，将推动北京、上海、广州、深圳等城市成为更具国际影响力的大都市经济区，将让重庆、西安、郑州、成都、乌鲁木齐、武汉等城市成为内陆对外开放的新高地。建设国家重点口岸和跨境经济合作区等开放平台，将在沿边地区形成一批新的经济增长极，如东兴、瑞丽、二连浩特、满洲里、绥芬河等。

总的来看，"一带一路"建设不像20世纪80年代的沿海开放战略，具有清晰的区域指向，而是一个全方位的对外开放战略，是各个地区都可以、也都能参与的国际合作倡议。从这个角度看，它为不同区域带来的发展机遇基本上是相同的，是"普惠"的战略。至于哪些地区能抓住更多的机遇，既取决于正确的参与策略，也取决于基础和实力。只抓一顶帽子，发挥不了太大作用。

二、跨境运输通道建设

中国经济发展的成功经验之一是适度超前建设交通基础设施；"要想富，先修路"已深入人心。现代交通体系（航空、铁路、高速公路、海运等）大大降低了克服空间距离的时间和成本，让世界大部分地区之间更加紧密地联系在一起，形成了现代世界体系。在这个体系中，商品贸易、人员交流、信息传播的广度和深度不断加大，推动了全球化时代的到来。当人们欢呼世界"变平"的时候，世界上还有很多地区没有被纳入现代世界体系，其重要原因是这些地区缺乏现代交通基础设施，可达性差。因此，设施联通是"一带一路"建设的重点工作之一。其实，很多人看到"一带一路"这个名词时，首先想到的就是线状基础设施。

欧亚大陆上内部交通联通性比较差。尽管东侧的中国东、中部地区以及西侧的欧洲地区交通网密度已经很高，但是大陆内部以及南亚和东南亚地区极度缺乏现代交通基础设施，而且各国间技术标准五花八门，这严重制约了"一带一路"沿线国家经贸往来的进一步发展。就中国向西的跨境铁路通道而言，目前只有从霍尔果斯或阿拉山口出境的欧亚大陆桥通道，以及向北绕行俄罗斯西伯利亚铁路通往欧洲的中蒙俄通道。在公路方面，大陆内部各国普遍存在技术等级（车道少）较低、干线公路拥挤、年久失修导致路面状况差（裂化、老化）等情况，互联互通高等级公路较少。因此，推动欧亚大陆内部的互联互通不仅仅是"一带一路"建设的重要目标，也是亚洲开发银行、联合国亚太经社理事会（UN-ESCAP）、欧洲复兴开发银行等国际组织和机构着力推动的工作，具有广泛的基础和良好的利益契合点。

"一带一路"建设在跨境运输通道上的愿景主要是六大经济走廊所涉及的交通运输通道。新亚欧大陆桥经济走廊主要包括两条运输通道。国内段都是从东部沿海出发经兰（州）新（疆）铁路或临（河）哈（密）铁路到新疆。之后，一条经阿拉山口进入哈萨克斯坦，经阿克斗卡、巴尔喀什、加拉干达、阿斯塔纳后进入俄罗斯再到欧洲；一条经霍尔果斯口岸进入哈萨克斯坦，经阿拉木图、奇姆肯特、十月城、乌拉尔后进入俄罗斯再到欧洲。

中蒙俄经济走廊设想的运输通道，包括中俄通道（莫斯科—赤塔—满洲里—绥芬河—符拉迪沃斯托克/纳霍德卡/东方港或满洲里—哈尔滨—大连/营口）、中蒙俄东通道（莫斯科—乌兰乌德—乌兰巴托—乔巴山—阿尔山—珲春—扎鲁比诺港）、中蒙俄中通道（莫斯科—乌兰乌德—乌兰巴托—扎门乌德—二连浩特—北京—天津）和中蒙俄西通道（莫斯科—塔尚塔—查干诺尔—科布多—布尔干—塔克什肯—乌鲁木齐）。

中国—中亚—西亚经济走廊的跨境运输通道走向尚不清晰。一种可能是经霍尔果斯进入哈萨克斯坦，经阿拉木图、奇姆肯特后进入乌兹别克斯坦，经塔什干、撒马尔罕后进入土库曼斯坦，经马雷、阿什哈巴德至土库曼巴希，通过水运穿越里海，经高加索地区进入黑海，经水运穿越黑海抵达中东欧地区。另一种可能取决于中（国）吉（尔吉斯斯坦）乌（兹别克斯坦）铁路建设情况，即从新疆喀什出境，经吉尔吉斯斯坦的奥什连通撒马尔罕，再进入土库曼斯坦。

中巴经济走廊的运输通道相对简单，从红其拉甫口岸出境到巴基斯坦，经伊斯兰堡至卡拉奇港或瓜达尔港。中国—中南半岛经济走廊主要包括三条可能的跨境运输通道，包括从磨憨口岸出境的中（国）老（挝）泰（国）线，即中线；从瑞丽出境的中（国）缅（甸）线，即西线；从河口出境的中（国）越（南）柬（埔寨）泰（国）线，即东线。其中，中线的中老铁路已经开工，计划于 2020 年完工；中泰铁路谈判接近尾声，即将正式开工。孟中印缅经济走廊的运输通道初步设想为，东起昆明，向西经瑞丽进入缅甸，经曼德勒和实兑港（皎漂港）后进入孟加拉国境内，经吉大港和达卡后进入印度境内。

三、"中欧班列"问题

所谓"中欧班列"指由中国开往丝绸之路经济带沿线国家（主要是欧洲和中亚）的快速货物班列，主要运输形式是"五定班列"（即定线路、定站点、定车次、定时间、定价格）。最早开通的"五定班列"是由重庆到德国杜伊斯堡的"渝新欧"线，随后成都、西安、郑州、武汉等城市分别开通了"蓉欧快铁""西新欧""郑新欧""汉新欧"等线路。到 2016 年年中，中国城市已经开通 39 条"中欧班列"运营线路，共涉及 31 个城市和 5 个边境口岸（阿拉山口、二连浩特、满洲里、绥芬河和霍尔果斯），通达莫斯科、圣彼得堡、汉堡、杜伊斯堡、利兹（波兰）、德黑兰、马德里等 28 个国外城市，成为"一带一路"建设的标志性运输合作平台。

毫无疑问，"中欧班列"的开通为欧亚大陆的货物运输提供了一个新的渠道，也成为沿线各国运输合作的典范。其方便、快捷的程度比以往跨境铁路运输提高了很多。这给不少人留下了错误的印象，即似乎欧亚大陆各国之间的贸易将重回铁路时代。而事实是，这些"中欧班列"的绝大部分靠政府高额补贴运营，其根本原因是陆路运输成本远高于海洋运输。以重庆为例，一个集装箱经"渝新欧"运抵德国杜伊斯堡的成本在 9 000 美元以上（为国内"五定班列"中成本最低的），而采取江海联运或铁海联运从上海或深圳出发到欧洲的成本在 5 000 美元以下。尽管"五定班列"将运输时间缩短为两周左右（海运为五六周左右），但这个成本差距还是非常巨大的。因此，客观地讲，"中欧班列"只有运输适宜的货物（如高附加值产品或对时间敏感的生鲜货物等）或在适宜的地域范围内（如远离海岸线的大陆内部），才能赢利。也就是说，它只能作为海运的一种补充，不可能替代海运。事实上，铁路运输占中国外贸出口集装箱总量的比例不到 1%。如果不认真考虑运输货物品种和运输适宜空间范围，这些"中欧班列"离开政府补贴将难以为继。

根据我们的研究，以重庆和西安为起点，利用调研收集的参数对国际集装箱陆路运输的经济适宜区域进行的定量分析表明：受海运价格的影响，中亚地区、蒙古国及俄罗斯的西伯利亚区、乌拉尔区、伏尔加区和中央联邦区是丝绸之路经济带铁路运输的比较优势区域，乌克兰、白俄罗斯、波兰及俄罗斯的西北联邦区、西南联邦区等为优势扩展区，而欧洲其他大部分区域的海运（海陆联运）优势远大于铁路运输。综合考虑铁路口岸、国家铁路集装箱枢纽、铁路编组站、国家综合交通枢纽、国家一级物流园区、国家公路枢纽、本地货源、腹地范围大小、腹地距离、主干铁路流量、离口岸距离等因素及"中欧班列"运营现状，可考虑将哈尔滨、西安和乌鲁木齐建设为"中欧班列"运营主枢纽。

四、产业"走出去"模式

建立各种特殊经济空间，先行先试特殊经济政策和管理手段，积极吸引外部生产要素，是改革开放以来中国推动经济高速发展的重要经验。随着对外直接投资规模的不断增加，无论中国还是东道国都存在复制中国园区建设经验的愿望。因而，近年来，中国企业已经在"一带一路"沿线国家创建了大小不一、功能各异的海外园区。境外产业聚集合作区（包括加工区、工业园区、科技产业园区、经贸合作区）既取得了成就，也出现了问题，并在国际上引起了一些争议。如何正确认识这一新的事物，并规范引导境外产业聚集合作区建设，成为"一带一路"建设的重大问题。

从全球视野看，中国通过创建海外园区促进与"一带一路"沿线产业合作，既符合国际产业合作的新趋势，也顺应了"一带一路"相关国家发展需要。随着经济全球化的进一步深化，国际经济合作正由过去单纯地引进项目、吸引外资，向共建产业合作园区转变。无论是亚洲的新加坡与日本，还是欧洲的英国和德国等，都纷纷开始探索海外园区建设。"一带一路"沿线大多是新兴经济体和发展中国家，多处于工业化进程初期。在中国开发区和园区建设经验的启示下，沿线一些国家纷纷开始创建不同规模的出口加工区、自由贸易区和经济特区，并提出希望与中国共建产业园区，试图在合作中学习中国开发区和园区建设经验。

从本质上看，中国与"一带一路"相关国家建立境外产业聚集区是经济行为，是为避免中国企业"单打独斗"，规避海外风险，由政府引导、企业为主体、按照市场化原则建立和运作的产业合作新平台。"一带一路"沿线国家日益成为中国对外直接投资重要的目的地。主动对接"一带一路"沿线国家发展战略，积极参与相关国家重点发展区建设，建设基础设施相对完善、法律政策配套的境外产业聚集合作区，引导国内企业抱团"走出去"，不仅有助于促进中国产业的转型升级，更将促进沿线各国地方发展，造福当地人民。境外产业聚集合作区建设，需要更加突出"稳""准"和"可持续"的发展思路，要量力而行，稳扎稳打，逐步推进；要结合中国和东道国发展需要，精准定位发展方向，突出特色；要注重风险防范，实现可持续发展。要坚持共商、共建、共享原则，与东道国共同协商园区选址，共同营造发展环境，共同解决发展难题，共享发展利益。

应进一步整合国家发展和改革委员会、商务部、科技部和金融机构的资源，形成合力，统筹推动，加强在重点地区、重点国家和重点领域布局。以周边国家为基础，以沿线国家战略支点城市、交通枢纽和相关国家重点发展区为重点，进行布局。根据不同类型的海外园区及其战略意义，建立科学的评定标准，加大扶持力度，重点支持一批具有战略意义且带动性强的园区。在"一带一路"沿线交通枢纽城市重点建设商贸物流产业园；依托重要的科教文化中心，重点发展高新技术产业园；在重要的口岸城市和资源富集区域，重点建设能源资源加工产业园；在制造业和农业基础良好的区域，合作建设制造业和农产品加工产业园。

五、对外开放平台建设

提高贸易便利化程度、深化经贸合作是"一带一路"建设的核心内容，而对外开放平台则是中国与沿线国家开展经贸合作的载体。所谓对外开放平台包括各类口岸（公路、铁路、内河、海港、空港等）、海关特殊监管区（保税区、保税仓库、出口加工区、保税港区、保税物流区、综合保税区等）、边境合作区、跨境合作区等，这些平台是跨境贸易的主要发生地。改革开放三十多年来，中国沿海地区对外开放的软硬件条件日趋成熟和完善，无论是海港口岸和空港口岸，还是海关特殊监管区和自贸区，已基本满足开展国际经贸活动的需要。相对而言，内陆地区和沿边地区的对外开放平台建设滞后，还难以满足全方位对外开放的需要。口岸硬件设施、电子化通关水平、检验检疫互认等都有巨大的改善空间。另外，中国沿边口岸相邻的大部分是欠发达国家，口岸设施水平更低，也存在灰色清关等问题。因此，加快提高对外开放平台建设水平，是"一带一路"

建设的重要工作。

在"一带一路"建设大框架下，应根据各省区市的区位特点、产业结构及对外贸易格局，充分整合现有口岸、海关特殊监管区和边境经济合作区等，优化提升沿海开放平台的功能，重点建设沿边和内陆开放平台，在六大经济走廊上形成多层次、有侧重、分工协作的对外开放平台体系。加强满洲里、阿拉山口、绥芬河、二连浩特等铁路站场的改造，提升其铁路口岸通关、过货能力；积极与毗邻国家的对接，力争两国对应口岸之间实现宽窄轨并行，提高铁路口岸的换装能力，实现联检互认，完善通关服务功能。巩固和发展霍尔果斯、阿拉山口、甘其毛都、磨憨、腾冲等公路口岸基础设施建设，建设口岸保税储运仓库和物流园区，完善通关服务功能，提升人流通行和货物吞吐能力；加快中方电子口岸建设，援助毗邻国家的电子口岸建设，实现两国对应口岸之间的通关、联检管理信息化。扩大和完善黑河、同江、抚远等水运口岸综合服务功能，支持口岸码头、货场等相关配套基础设施建设，提高客货通行能力，促进其发展边境贸易、国际物流和旅游业。培育和推动东宁、阿日哈沙特、巴克图、吉木乃、塔克什肯、卡拉苏、吐尔奈特、红其拉甫、吉隆等口岸发展。

支持符合条件的重点边境经济区（如瑞丽、畹町、临沧、河口、凭祥、东兴等）扩大规模和调整区位，并按现有程序向国务院申请设立出口加工区等海关特殊监管区域，建立边境出口加工区，大力发展出口加工贸易。推进跨境经济合作区的建设，深化跨国合作。在跨境经济区内大力发展外向型产业，完善配套产业链，探索与周边国家建立产业发展协调机制。完善广西东兴—越南芒街跨境经济区的招商引资政策，将其建成中国面向东盟的边境进出口资源加工基地、商贸中心、现代物流中心和信息交流中心。加快中国磨憨—老挝磨丁、中国瑞丽—缅甸木姐、中国凭祥—越南同登、中国龙邦—越南茶岭跨境经济合作区的基础设施建设；适时推进二连浩特—扎门乌德、满洲里—后贝加尔斯克、黑河—布拉戈维申斯克、绥芬河—波格拉尼奇、红河—老街等跨境经济合作区建设。

六、人文合作

人文合作既是"一带一路"建设理念深入人心的基础，也是加深沿线国家人民之间相互了解的重要手段，还有利于各国之间寻找利益契合点和互利共赢的经济建设项目。它应作为政府层面推动和社会各界参与"一带一路"建设的优先工作。重点领域包括文化、教育、科技、卫生、旅游、扶贫等诸多方面。

近年来，在上海合作组织、中国—东盟合作框架、中国—中东欧国家合作框架、东亚峰会、亚欧会议、金砖机制、大湄公河次区域机制等多边合作平台下，中国与丝绸之路沿线国家的人文合作的内容不断丰富，合作领域不断拓展。例如，在中国与哈萨克斯坦、吉尔吉斯斯坦三国共同努力下，2014 年 6 月世界遗产大会决定将"丝绸之路：起始段与天山廊道的路网"正式列入世界遗产名录。沿线国家共同举办的文化周、博览会、论坛等活动日益丰富。但总体上，受经费缺乏、外部势力干扰以及长期合作机制欠缺等因素的影响，中国与沿线国家的民间交流还很不够，交流形式也缺少吸引力，远不能满足"一带一路"建设的需要。

第一，要利用沿线各国的历史渊源，通过特色节庆、文化周等形式，广泛开展丰富多彩的文化交流。加强在影视、出版、印刷、演艺和文化服务等文化产业领域的合作，打造报纸、广播影视、文艺展演、互联网四位一体的文化交流体系。创建"一带一路"卫星频道，充分利用网络等多媒体渠道扩大宣传和影响。在尊重文化传统和文化多样性的基础上，共同保护和开发"一带一路"文化遗产。以丝绸之路"申遗"成功为契机，加大丝绸之路历史文化宣传，打造具有世界影响力的丝绸之路历史文化品牌。

第二，扩大中国与"一带一路"沿线国家互派留学生的规模。既要增加国家和地方针对"一带一路"沿线国家来华留学生的奖学金额度，同时也要增加中国派出到沿线国家的留学人员数量。加大对"一带一路"发展中国家的技术和管理人才培训力度，鼓励和支持高校和相关部委对沿线国家的政府官员的短期培训项目。

第三，统筹安排各部门在国际科技研究和开发的资金和项目，整合各类科技资源，有序开展科技合作。特别要加强民生领域的科技合作和科技服务，使各国老百姓获得更多实惠，如节水灌溉、畜牧品种改良、棉花高产、农产品加工、疫病防治、防沙治沙、环境保护、防灾减灾等。此外，引导设立双边或多边的科技园区和科技研发中心，加强科研项目和高新技术产业方面的合作，打造"科技丝绸之路"。

第四，积极开展旅游合作，发展跨境旅游，推进特色边境旅游产品，共同建设边境旅游合作区。重点培育环阿尔泰山国际生态旅游热线、中—哈—吉跨国旅游线、中—吉—乌走廊跨国旅游线。以丝绸之路"申遗"成功为契机，开展丝绸之路汽车拉力赛；依托丝绸之路沿线著名文化遗产，打造丝绸之路旅游国际品牌，逐步形成丝绸之路高端精品旅游线路。培育形成中国保山—缅甸密支那—印度英帕尔—孟加拉达卡—印度加尔各答旅游线路。

第五，加强国际扶贫工作，帮助沿线欠发达国家实现减贫目标。既要整合政府资源、形成合力，也要充分发挥非政府组织和企业的力量，让每一项援助工作产生实质性长久影响，造福当地人民。积极利用"10·17减贫与发展论坛""中国—东盟减贫与发展论坛""中非减贫与发展会议"等已有机制，让沿线国家分享中国减贫经验。在国际扶贫重点国家，成立扶贫合作中心。

七、风险防控

"一带一路"建设涉及中国大量的海外投资，需要高度重视风险防控问题。一方面，中国企业"走出去"时间短，国际经验和风险防控能力不足；另一方面，沿线地区的地缘政治、非传统安全、经济和运营以及自然灾害风险等潜在风险突出。这两方面的交互作用导致中国的海外投资和建设项目面临较高的风险。同时，风险本身具有多元性、复杂性以及长期性的特征，风险防控也不仅是一国或者政府之事，需沿线地区和各参与主体共同应对。因此，重视风险识别与防控是稳步推进"一带一路"建设工作的关键。

为应对可能的风险，中国亟须针对沿线国家发展特点与重点问题开展详细研究。应从地缘政治风险、非传统安全风险、经济风险和运营风险四个视角着手判断宏观风险。目前，"一带一路"建设中的地缘政治风险主要有西方大国围堵带来的全局性挑战、来自周边区域性大国的多重阻力、周边国家政局动荡蕴藏的潜在风险；非传统安全风险主要有周边国家安全和地区冲突常态化威胁、中国边疆安全和境外反华势力危害、自然灾害风险；经济风险主要有部分沿线国家经济不稳定性、债务国违规及项目泡沫化风险、全球经济变化对中国富余产能"走出去"的潜在风险；运营风险主要有沿线国家运营环境较差、中国"走出去"企业本身存在的经营风险。

第一，应加快推进"一带一路"框架下的双边、多边等合作机制建设，加强多元化的对话协商机制和区域联动机制。第二，联合国内外研究资源，开展专题性研究，定期发布国别投资风险报告。第三，建立境外投资风险预警和应急机制，并与沿线国家做好衔接沟通工作，提升应急效果。第四，完善"走出去"的政策支持体系，提升企业抗风险能力，引导各类金融机构及信用保险机构支持并配合国家"走出去"战略总体部署。第五，加强企业自身应对措施。明确企业战略定位，做好信息管理、风险评估、风险防范与应急工作，加快自身组织建设，提升企业风险防范意识，规范自身企业行为。

参 考 文 献

Agnew J., The Territorial Trap: The Geographical Assumptions of International Relations Theory. *Review of International Political Economy*, 1994, 1 (1): 53-80.

Charles Issawi, *An Economic History of the Middle East and North Africa*. Columbia University Press, 1982, 29 (1): 464-5.

Coe N. M. and Yeung W. C. H., *Global Production Network*. Oxford University Press, 2015.

Dicken P., *Global Shift (the sixth edition)*. London, UK: Sage, 2010.

Daniel W., Richthofen's "Silk Roads": Toward the Archaeology of a Concept. *The Silk Road*, 2007, 5 (1): 4.

Harvey D., The Geography of Capitalist Accumulation: A Reconstruction of the Marxian Theory. *Antipode*, 1975, 2 (S): 9-12.

Harvey, D., The Spatial Fix: Hegel, Von Thunen and Marx. *Antipode*, 1981, 13: 1-12.

Harvey D., *The limits to Capital*. Oxford. 1982.

Maddison A., Statistics on World Population, GDP and Per Capita GDP, 1-2008 AD, "Maddison Project", 2009. http://www. ggdc. net/maddison/oriindex. htm.

Morse, H. B., The International Relations of the Chinese Empire.

Richthofen, F. v. China, ErgebnisseeignerReisen und daraufgegründeterStudien (China: The Results of My Travels and the Studies Based Thereon), 1877-1912. 5 vols.

Sheppard, E., *Limits to Globalization: Disruptive Geographies of Capitalist Development*. UK: Oxford University Press, 2016.

Stein，M. A.，Ancient Khotan：Detailed Report of Archaeological Explorations in Chinese Turkestan，1907.

Taylor，J. G.，Williamson，*Globalization in Historical Perspective*. University of Chicago Press，2005.

Wakeman，F.，The Canton Trade and the Opium War. *The Cambridge History of China*，1978.

Yule，H.，*The Book of Ser Marco Polo the Vinetian*，*Concerning the Kingdoms and the Marvels of the East*. 1871.

彼得·迪肯著、刘卫东等译：《全球性转变：重塑 21 世纪的全球经济地图》，商务印书馆，2007 年。

崔明德："中国古代和亲与丝绸之路的拓展"，《中国边疆史地研究》，2005 年第 2 期。

高德步、王珏：《世界经济史》，中国人民大学出版社，2001 年。

国家发展改革委、外交部、商务部：《推动共建丝绸之路经济带和 21 世纪海上丝绸之路的愿景与行动》，外交出版社，2015 年。

韩保全："汉唐长安与'丝绸之路'"，《文博》，2006 年第 6 期。

峻志："丝绸之路东西方文明交往的通道"，《大陆桥视野》，2006 年第 10 期。

李琴生："关于'丝绸之路'形成的历史考察"，《丝绸》，1999 年第 3 期。

刘卫东："'一带一路'战略的认识误区"，《国家行政学院学报》，2016 年第 1 期。

刘卫东："'一带一路'战略的科学内涵与科学问题"，《地理科学进展》，2015 年第 5 期。

吕文利："李希霍芬命名'丝绸之路'"，http：//www. globalpeople. com. cn/。

买小英："对河西走廊旅游联动中文化认同的若干思考"，《丝绸之路》，2016 年第 2 期。

钱耀鹏："丝绸之路形成的东方因素分析——多样性文化与人类社会的共同进步"，《西北大学学报（哲学社会科学版）》，2007 年第 4 期。

魏志江、李策："论中国丝绸之路学科理论体系的构建"，《新疆师范大学学报（哲学社会科学版）》，2016 年第 2 期。

巫新华："西域丝绸之路——孕育文明的古道"，《中国文化遗产》，2007 年第 1 期。

张国刚："丝绸之路与中西文化交流"，《西域研究》，2010 年第 1 期。

张萍："丝绸之路历史地理信息系统建设的构想及其价值与意义"，《陕西师范大学学报（哲学社会科学版）》，2016 年第 1 期。

张少华："试论丝绸之路的文化意义"，《理论观察》，2005 年第 6 期。

张武一："丝绸之路研究的新动向"，《中国钱币》，2005 年第 1 期。

张燕、王友文："清代伊犁将军与哈萨克草原丝绸之路发展的政治考量"，《广西社会科学》，2015 年第 10 期。

周晶："丝绸之路上的穆斯林文化"，《民族艺林》，2016 年第 1 期。

附录 1

相关文章

"一带一路"战略的科学内涵与科学问题[*]

刘卫东

（中国科学院地理科学与资源研究所）

摘要： "一带一路"指"丝绸之路经济带"和"21世纪海上丝绸之路"，是中国为推动经济全球化深入发展而提出的国际区域经济合作新模式。其核心目标是促进经济要素有序自由流动、资源高效配置和市场深度融合，推动开展更大范围、更高水平、更深层次的区域合作，共同打造开放、包容、均衡、普惠的区域经济合作架构。"一带一路"框架包含了与以往经济全球化完全不同的理念，即"和平合作、开放包容、互学互鉴、互利共赢"，这正是丝绸之路文化内涵的体现。本文分析了"一带一路"战略与经济全球化及世界格局变化的关系；剖析了其空间内涵，认为"一带一路"具有多重空间内涵和跨尺度特征。本文强调，"一带一路"是统筹中国全面对外开放的国家战略，不能被视为一个区域战略。最后，提出了推进"一带一路"建设对地理学提出的几个重要议题，包括地缘政治、国别地理、

---

* 原载于《地理科学进展》2015年第5期。

对外直接外资理论、交通运输优化组织等。

关键词：一带一路　丝绸之路　经济全球化　地缘政治

1. 引言

2015 年 3 月 27 日在海南博鳌亚洲论坛上，经国务院授权，中国国家发展改革委、外交部和商务部联合发布了《推动共建丝绸之路经济带和 21 世纪海上丝绸之路的愿景与行动》（以下简称《愿景与行动》）。这标志着对中国发展将产生历史性影响的"一带一路"战略进入全面推进建设阶段。如果说改革开放后三十多年中国是以积极"引进来"的方式深入参与了经济全球化的进程，那么共建"一带一路"则标志着以中国"走出去"为鲜明特征的全球化新阶段的到来。自习近平主席 2013 年 9 月 7 日在哈萨克斯坦提出共建"丝绸之路经济带"以及同年 10 月 2 日在印度尼西亚提出共同打造"海上丝绸之路"以来，国内外各界一直十分关注"一带一路"这个战略，包括学术界。但是，由于中国政府一直没有出台官方文件来具体阐述这个战略，社会各界对于"一带一路"的理解或多或少带有猜想的色彩。《愿景与行动》的公布使"一带一路"战略变得公开、透明起来。同时，这也让科学解读这个战略以及认识其带来的科学问题成为可能。

根据《愿景与行动》，"一带一路"旨在促进经济要素有序自由流动、资源高效配置和市场深度融合，推动开展更大范围、更高水平、更深层次的区域合作，共同打造开放、包容、均衡、普惠的区域经济合作架构。这表明，中国期望在符合当前世界发展机制和趋势的前提下更深地融入全球经济体系，并在引领世界经济发展中发挥更积极的作用。但是，"一带一路"框架包含了与以往经济全球化完全不同的理念，即"和平合作、开放包容、互学互鉴、互利共赢"，而且强调了"共商、共建、共享"的原则。总体上，"一带一路"战略可以简单地用"一个核心理念"（和平、合作、发展、共赢）、"五个合作重点"（政策沟通、设施联通、贸易畅通、资金融通、民心相通）和"三个共同体"（利益共同体、命运共同体、责任共同体）来表达。"一带一路"战略并非偶然之举，而是世界经济格局变化和经济全球化深入发展的必然结果。其中所包含的科学内涵和所涉及的科学问题，亟须学术界来回答。

2. 丝绸之路的文化内涵

"丝绸之路经济带"和"21 世纪海上丝绸之路"都使用了"丝绸之路"这个词。但是，"一带一路"并不是要重建历史时期的国际贸易路线。显然，"一带一路"使用的是"丝绸之路"的文化内涵，即和平、友谊、交往、繁荣，这就是《愿景与行动》倡导的核心理念。

当今世界经济的突出特征是各国间经济的深度融合和发达的贸易体系，可以说，世界各国的经济活动以及人民的生活都已离不开贸易交流。人们如此熟悉当今的贸易，以至于经常忘记古代时期曾经存在着相当发达的贸易。事实上，远在春秋战国时期（甚至是商周时期），古代中国就与欧亚大陆其他国家存在贸易活动。自汉之后，这种贸易活动逐步变成由官方主导，甚至垄断，贸易规模和范围不断扩大，鼎盛时期遍及欧亚大陆，甚至包括北非和东非。历史上，这些跨国长途贸易交流并无一个专有名词来描述，直到德国地理学家李希霍芬 1877 年在《中

国：我的旅行成果》一书中将其称为"丝绸之路"。李氏所用
"丝绸之路"仅指自中原经河西走廊和塔里木盆地到中亚和地中
海的贸易路线。因自汉至唐这条贸易路线上交易的大宗商品是
丝绸，故命名为"丝绸之路"。此后，这个具有强烈历史文化内
涵的名词得到了广泛的认可和拓展应用。历史悠久的"南方茶
路"和北方草原贸易路线，以及自宋、元开始的海上贸易路线，
很多时候也被称为"丝绸之路"。当然，贸易产品并非丝绸一
种，不同历史时期主导贸易产品不同。例如，宋、元、明时期，
海上丝绸之路贸易产品以丝绸、瓷器、茶叶和香料为主。另外，
"丝绸之路"不仅仅是古代贸易的代名词，而且也是历史上中国
与欧亚大陆各国文化交流的"符号"。伴随商品贸易和人员交
流，丝绸之路沿线各国的文化相互借鉴，产生了灿烂的文明。

过去，对于"丝绸之路"的讨论和关注主要局限于史学界、
文物学界等，不具有功利色彩。但是，自"一带一路"战略提
出以来，各地兴起了挖掘"丝绸之路"历史和文化遗迹的热潮，
以期确立自己在"一带一路"中的地位。尽管不能完全否认这
种"借古谋今"做法的意义，但这显然误解了"一带一路"战
略使用"丝绸之路"的内在含义。历史上，丝绸之路的具体线
路和空间走向随着地理环境变化、经济发展状态以及政治和宗
教演变而不断发生变化。今天人们试图勾勒的"丝绸之路"是
将数千年历史置于当前一刻观察而产生的图景，因而从语意上
讲"丝绸之路"不能被理解为具有固定线路的空间现象。也就
是说，"丝绸之路"对于当今社会而言更多的是一种抽象意义的
文化符号，而非一种带有强烈具象的空间现象。另外，历史上
"丝绸之路"主要存在于和平时期（战乱时往往中断），而且商

品和文化的交流带来了共同繁荣，因而这个文化符号的内涵可以归结为和平、友谊、交往和繁荣。从这个角度看，中国政府借用"丝绸之路"这个文化符号向世界传递了一种理念，这就是"和平、合作、发展、共赢"。

3. "一带一路"与经济全球化

从《愿景与行动》可以看出，共建"一带一路"并非是"另起炉灶"，而是"致力于维护全球自由贸易体系和开放型世界经济"。也就是说，"一带一路"战略是在世界格局大调整和经济全球化大背景下产生的，是推动经济全球化深入发展的一个重要框架。但是，它也不是简单地延续以往的经济全球化，而是全球化的一种新的表现形式，其中的突出特征是融入了"丝绸之路"的文化内涵。简单地讲，"一带一路"是包容性全球化的表现，没有脱离经济全球化的基本机制，即投资和贸易自由化。

众所周知，经济全球化的出现和发展与新自由主义的流行密不可分。以20世纪70年代的两次世界石油危机为标志，西方发达国家结束了"二战"后长达二十多年的繁荣期，陷入了严重的"滞胀"。为了摆脱困境，一方面英、美等国纷纷放弃"凯恩斯国家福利主义"政策，转向减少政府干预和全面私有化的新自由主义"药方"；另一方面开始大规模输出资本和向海外转移产业，进入资本主义全球扩张阶段。为了满足资本输出的需要，新自由主义被奉为推行投资和贸易自由化的理论依据。其典型事件是美国主导的、为拉美国家和东欧转型国家开出的"药方"，即"华盛顿共识"。其核心是贸易经济自由化、完全的市场机制和全盘私有化。从结果看，被"华盛顿共识"治疗的国家中几乎没有成功摆脱增长困境的,而将政府干预和市场有机结合的中国实现了经济的腾飞。可以说,以新自由主义思潮为基础的经济全球化塑造了过去三十年的世界格局,而金融市场的新自由主义管制方式则导致了2008年的全球金融危机。因此,在新自由主义经济全球化下,资本是最大的赢家,而社会付出了巨大代价。在此背景下,无论是美、英等发达国家还是以中国为代表的发展中国家,都在思考推动经济全球化进一步发展的治理模式改革。在这方面,"一带一路"是一个有益的尝试。

80年代以来,中国通过渐进式的改革开放不断深入地参与了经济全球化的进程。一方面通过引进资本、技术和管理经验等推动了自身经济的腾飞,另一方面也逐步建立起了适应经济全球化的治理机制。应该承认,中国的经济高速发展得益于经济全球化,但同时中国也对世界经济增长做出了巨大贡献,改变了世界经济格局。改革开放之初,中国国内生产总值(GDP)占世界的份额只有5%左右,出口额占世界的比重不到1.5%。到2013年,中国GDP占世界的份额已上升到12.3%,出口额所占比重上升到12%。相应地,2010年中国成为世界第二大经济体,2013年成为世界第一大货物贸易国。而且,自2008年全球金融危机以来,中国对世界经济增长的贡献率一直保持在30%左右(2014年为27.8%)。尽管目前中国的经济仍然大而不强,但如此大的经济体(2014年已达到10万亿美元)足以成为世界格局的主要塑造力量之一。而且,在世界各国经济联系愈来愈紧密的趋势下,这么大经济体的发展和变化必然会对其他相关国家产生重大影响。在这个背景下,"一带一路"就是中国为推动经济全球化深入发展提供的承诺，也是维护经济全球化成果和机制的努力。

　　从更长的历史时期来看，过去三十多年中国经济的崛起是近百年以来世界经济格局的最大变化，也是三百年来世界格局变化中屈指可数的重大事件。根据经济史学家安格斯·麦迪逊的估算，18 世纪中叶中国 GDP 占全球的比重接近1/3，而彼时美国在全球的份额还微不足道。但是，两百年后在新中国成立之时这个比重已下降为1/20，而美国则上升到27％（图1）。一直到改革开放之初，中国 GDP 占全球的比重仍然只有1/20 左右（图2）。经过改革开放三十多年的高速增长，目前中国 GDP 占世界的份额恢复到接近1/8。相应地，美国 GDP 占世界的比重下降到22％左右。随着中国的崛起，目前东亚地区经济总量占世界的比重已经超过美国。这意味着"亚洲世纪"已经来临。

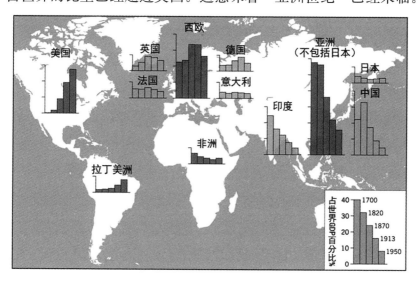

图1　世界经济格局的变化（1700～1950 年）

资料来源：引自 Dicken（2010）。

如何更好地带动亚洲乃至世界的经济增长，是中国作为一个大国不得不担负的责任。但是，目前中国在多个国际金融机构中所占份额都很低，例如在世界银行、国际货币基金组织和亚洲开发银行中分别只占 5.17％、3.81％和 6.47％的投票权，无法在推动世界经济增长上发挥与自身经济体量相适应的作用。因此，共建"一带一路"是改变这种不合理局面的重要途径。

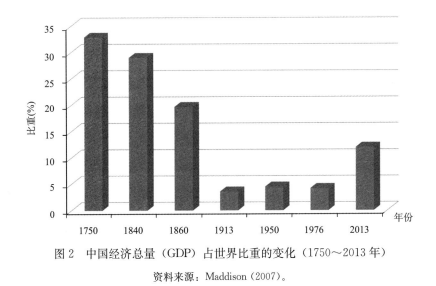

图 2　中国经济总量（GDP）占世界比重的变化（1750～2013 年）

资料来源：Maddison（2007）。

从自身的发展阶段看，中国经济增长正在步入"新常态"。一方面，持续了三十多年的"人口红利"逐渐消失，劳动力成本迅速上升，导致部分劳动密集型产业正在失去竞争优势。这符合经济全球化的基本周期律，即每三四十年发生一轮大规模的产业转移。另一方面，由于过去十多年过于乐观的产能扩张，中国部分原材料产业的产能随着经济增长放缓出现了严重的过剩。这部分产能技术上并不落后，只是供大于求，需要向外转移。此外，中国巨大的消费市场也孕育了一批大企业，正在成为具有跨国投资和全球运营能力的跨国公司。这些因素叠加起来使中国正在进入大规模"走出去"的时期。从图3可以看出，自2004年开始，特别是2008年之后，中国对外直接投资出现了井喷式增长。2004年中国对外直接投资额只有55亿美元，2008年就达到了559亿美元，2014年上升到1 400亿美元，十年间增长了近25倍（图3）。这个增长态势与欧美发达国家在20世纪80和90年代的对外直接投资增长态势存在相像之处（图4）。因此，中国采用什么机制"走出去"，是新自由主义的全球化机制还是包容性全球化机制，将影响一大批国家。通过共建"一带一路"来完善经济全球化的机制，尽可能避免其带来的负面影响，既符合中国"走出去"的需要，也是让全球化惠及更多国家和地区的需要。

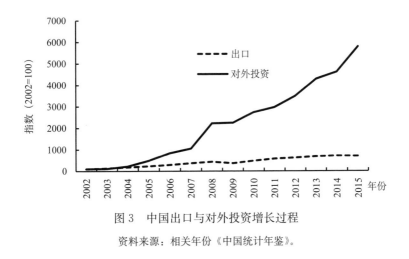

图3 中国出口与对外投资增长过程

资料来源：相关年份《中国统计年鉴》。

因此，总的来看，共建"一带一路"是中国版的经济全球化模式，是探索推进全球化健康发展的尝试。它并不是中国的"特立独行"，也不是中国版的"马歇尔"援助计划，而是在经济全球化机制下促进区域共赢发展的一个国际合作平台。

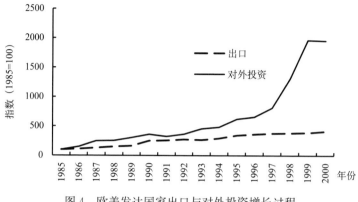

图 4   欧美发达国家出口与对外投资增长过程

资料来源：UNCTAD 数据库（www.unctad.org）。

4. "一带一路"的空间内涵

从表面看，"一带一路"是一个具有高度空间选择性的战略概念。"带"与"路"都是指条带状的经济体，在空间上是排他的。这种字面意义上的理解已经引起了不少对"一带一路"战略的误解。例如，某些省份认为自己在"一带一路"上具有某种特殊的、排他性的地位，而另一些省份认为自己与"一带一路"建设没有什么关系。事实上，"一带一路"具有多重空间内涵，是一个跨尺度的概念。

首先，"一带一路"不是一个封闭的体系，没有一个绝对的边界。也就是说，没有办法在地图上准确表达其空间范围。"一带一路"从根本上是一个开放、包容的国际区域经济合作网络，愿意参与的国家都可以参加，即它不是一个排他性的平台。因而，尽管此前外交部曾经提到"一带一路"沿线有 60 多个国家和 40 多亿人口，但是《愿景与行动》并没有给出具体范围和国家清单,而是指出"一带一路"贯穿欧亚非大陆。

其次,由于"一带一路"是一个国际区域经济合作网络,因而它必然以国家间的合作为主,而不是相邻国家的次区域合作。对于中国国内而言,尽管《愿景与行动》提到了一些省份和城市,例如将新疆和福建分别建设为"丝绸之路经济带"和"21世纪海上丝绸之路"的核心区,打造西安内陆型改革开放新高地以及重庆、成都、郑州、武汉、长沙、南昌、合肥等内陆开放型经济高地,加强上海、天津、宁波、广州、深圳等城市建设,但是这不意味着这些省份和城市具有排他性的地位。实际上,所有地区都可以参与"一带一路"的建设,尤其是经贸合作、人文合作、金融合作等共建工作,绝不是《愿景与行动》中提到的省份和地区的"独家"任务。一些没有提到的省份与沿线国家的贸易往来和人文交流反而更密切,如江苏和山东。《愿景与行动》提到某些省份和地区的定位,其主要出发点是将"一带一路"建设与国内已有的区域发展战略结合起来,形成东中西互动合作的局面,促进相对均衡的发展和尽快提升对外开放的水平,而不是限定某些地区属于"一带一路",其他地区不在其列。

再次,共建"一带一路"涉及设施互联互通,特别是国际海陆运输大通道建设,这部分工作确实有具体的空间指向和空间范围。例如,《愿景与行动》提出"丝绸之路经济带重点畅通中国经中亚、俄罗斯至欧洲,中国经中亚、西亚至波斯湾、地中海,中国至东南亚、南亚、印度洋"的通道,"21世纪海上丝绸之路重点方向是从中国沿海港口过南海到印度洋,延伸至欧洲,从中国沿海港口过南海到南太平洋",也提到了"共同打造新亚欧大陆桥、中蒙俄、中国—中亚—西亚、中国—中南半岛等国际经济合作走廊",以及推进中巴、孟中印缅两个经济走廊建设。在这些具有明确空间指向的通道和走廊上,将会有比较多的基础设施共建工作。也就是说,"五通"中的设施互联互通具有更多的小尺度、次区域特征,而其他"四通"则更多的是国与国之间的合作。

由于对于其多重空间性和跨尺度特点了解不够,国内一些官员、学者和媒体习惯于将"一带一路"视为中国的区域发展战略,这在一定程度上造成了混淆。"一带一路"是统筹中国全方位对外开放的长远、顶层战略,也是中国与沿线国家共同打造开放、包容的国际区域经济合作网络的倡议,因而它必然是一个国家战略,而不是区域战略。当然,由于多重空间性,这个国家战略具有显著的区域影响。但是,如果因为其具有区域影响就将其称作中国的区域战略,将有损这个战略的地位和作用,也会引起沿线参与国家的疑虑。因此,"一带一路"不能与"京津冀协同发展"和"长江产业带"共称为新时期中国的三大区域战略。

5. "一带一路"的地理学研究议题

"一带一路"是中国为推动经济全球化深入发展而提出的一种新的发展理念和国际区域合作模式。共建"一带一路"为学术界提出了很多科学问题。其中,需要地理学界加强研究的议题包括:全球化时代地缘政治关系的核心要素和驱动机制,沿线国家的国别地理研究,"一带一路"框架下的对外直接投资理论、海陆运输的空间组织等。

地缘政治研究是地理学的传统领域。从根本上讲,地缘政治探究地理因素（如区位、民族、经济实力等）与国家主体政治行为之间的关系，特别是地理因素对于国家利益的保障。近代历史上，崛起的大国都十分重视地缘政治研究，出现过影响深远的地缘政治学家，如德国的拉采尔、美国的马汉、英国的麦金德。由于种种原因，我国的地缘政治研究十分薄弱，研究队伍和出版的文献都屈指可数，很难满足我国日益上升的国际地位的需要。推进"一带一路"建设毫无疑问将涉及沿线参与各国之间利益的协调，也会影响国际格局的调整，因而必然也是一个地缘政治格局变化的过程。因此，分析"一带一路"的地缘政治基础及其对地缘政治格局的影响，提出符合"一带一路"建设理念的地缘政治理论，是地理学界不可回避的研究议题。

《愿景与行动》提出了"共商、共建、共享"的基本原则。有效推动"一带一路"建设关键在于沿线国家要共同寻找利益共同点和共赢建设项目，而这离不开各国在相关政策和建设规划上的衔接。要做到共商和衔接，就必须加深相互之间的了解，包括政治、法律、行政、文化、宗教、人口、经济、社会结构和资源环境，以及国家治理结构上的不同。这就是地理学的国别地理研究。过去三十多年，由于价值取向和国内建设需求强烈等原因，中国地理学界对于世界地理或外国地理的研究一直处于萎缩状态，导致当前对"一带一路"沿线很多国家的系统了解仍停留在数十年前的水平上。这将在一定程度上影响中国与沿线国家的对接和协商，也不利于避免不必要的风险。因此，尽快开展"一带一路"国别地理研究是当务之急。

共建"一带一路"将是以中国"走出去"为鲜明特征的全

球化深入发展的过程，这需要适合的对外直接投资理论来支撑。自 20 世纪 70 年代西方发达国家开始大规模资本"走出去"开始，对外直接投资理论就一直是国际地理学界和商学界的重要研究议题。从早期的"新国际劳动地域分工"理论，到后来 Dunning 的"折中理论"，再到 90 年代的网络理论等，都对发达国家的对外直接投资起到了指导作用。但是，已有的对外直接投资理论主要是基于这些国家的经验总结出来的，特别是受到了新自由主义的强烈影响，这些理论是否能够有效指导"一带一路"建设还需要时间的检验。因此，用"一带一路"建设案例检视现有对外直接投资理论，发现新的关键变量，修正或重建相关理论，是地理学界的一个前沿学术议题。

此外，"一带一路"建设的一个突出特征是货物贸易的运输组织优化。过去一个多世纪以来，由于海运技术的不断发展，国际贸易主要是通过海上运输通道来完成的。海运的方便程度和成本优势是其他运输方式无法比拟的，但其缺陷是运输的时间成本高。例如，从中国沿海港口到欧洲的海运时间一般在 30 天以上。陆路（铁路）运输的价格和时间成本介于海运和航空运输之间，但是由于要通过多个主权国家的海关，国际铁路运输往往手续繁琐。"一带一路"建设中设施互联互通以及贸易便利化等共建工作将有利于提高陆路（铁路）运输的比较优势。事实上，近几年中国开通的各种"五定班列"，如渝新欧、蓉欧快铁、西新欧等，已经在这方面进行了前期探索。因此，伴随"一带一路"建设，如何进一步优化货物贸易的运输组织，是值得地理学界深入研究的。

6. 小结

"一带一路"是中国为推动经济全球化深入发展而提出的国

际区域经济合作新模式，不但将对中国社会经济发展与全面对外开放产生深远的历史影响，而且也会对沿线国家的经济发展产生积极的带动作用，并对国际经济格局变化产生推动作用。它是统筹中国全面对外开放的国家战略；尽管有显著的区域影响，但它不能被视为区域战略。正确理解这个战略，不但需要深刻认识丝绸之路的文化内涵以及经济全球化发展的大趋势，还要科学认识"一带一路"的空间内涵，特别是其空间多重性。

为"一带一路"建设提供科学支撑是当前和今后相当长一个时期的国家重大战略需求。由于这个战略蕴含着丰富的地理内涵，因而为中国地理学的发展提供了重大的机遇，将推动地缘政治、世界地理、外资理论、交通运输组织等领域的研究和创新。

参考文献（略）

关于"一带一路"战略的认识误区[*]

刘卫东

（中国科学院地理科学与资源研究所）

摘要："一带一路"是统筹我国全方位对外开放的长远、重大国家战略。正确理解和认识"一带一路"战略是推动其顺利建设和发挥其作用的前提。本文首先讨论了在实际工作中遇到的一些认识误区，提出了五个"不是"，即"一带一路"不是要重建历史时期的国际贸易路线、不是区域发展战略、不是单向的"走出去"、不是地缘战略、不是简单的"线状"经济体。而后提出应从经济全球化的宏观视角来认识"一带一路"，认为"一带一路"是包容性全球化的倡议，将开启包容性全球化的新时代，并推动世界从"二元"分割发展到"三元"融合发展。

关键词：丝绸之路　区域发展战略　走出去　经济全球化地缘战略　国际区域合作

＊ 原载于《国家行政学院学报》2016 年第 1 期。

一、引言

2013 年 9 月和 10 月，习近平主席在访问中亚和东南亚国家期间，先后提出共建"丝绸之路经济带"和"21 世纪海上丝绸之路"的重大倡议，得到了有关国家的积极响应。同年 11 月，《中共中央关于全面深化改革若干重大问题的决定》提出"推进丝绸之路经济带、海上丝绸之路建设，形成全方位开放新格局"。在当年中央经济工作会议上，"一带一路"成为特指"丝绸之路经济带"和"21 世纪海上丝绸之路"的专有名词，并在此后逐步成为统筹我国全方位对外开放的长远、重大国家战略。两年多来，特别是 2015 年 3 月《推动共建丝绸之路经济带和 21 世纪海上丝绸之路的愿景与行动》（以下简称《愿景与行动》）公布以来，这个战略得到了各部门、各地区和社会各界的热烈响应，已经形成举国参与"一带一路"建设的局面。

根据《愿景与行动》，共建"一带一路"旨在"促进经济要素有序自由流动、资源高效配置和市场深度融合，推动沿线各国实现经济政策协调，开展更大范围、更深层次的区域合作，共同打造开放、包容、均衡、普惠的区域经济合作架构"。基于"共商、共建、共享"的原则，我国启动了与沿线国家就"一带一路"建设的各种对接工作，特别是重点经济走廊的合作规划，推动经贸合作的广度和深度不断扩大，使"一带一路"在国际社会上获得了广泛认可，形成了良好的开局之势。

与此同时，由于"一带一路"是一个涉及方方面面的统领性战略，社会各界对其尚存在不同的理解，其中不乏一些偏颇之解。这些认识上的误区有可能对推进"一带一路"建设工作产生负面影响。本文试图讨论一些具有商榷空间的认识，同时提出笔者对于"一带一路"的理解，以期为相关学术讨论起到"抛砖引玉"的作用。

二、几个认识误区

1. "一带一路"不是要重建历史时期的国际贸易路线

"一带一路"使用了"丝绸之路"这个概念，这让一些学者和地方官员误以为，"一带一路"建设就是要重建历史时期的国际贸易路线。其突出表现是一些地区热衷于挖掘自己在古代丝绸之路上曾有的地位，如起点、通道、节点等，以期确立自己在"一带一路"中的某种特殊地位。尽管不能完全否定这种认识的现实意义，特别是其"借古谋今"的作用，但很显然，这种理解缩小了"丝绸之路"所具有的巨大历史文化价值，是对"一带一路"使用"丝绸之路"这个概念的误解。

"丝绸之路"泛指历史上陆续形成的、以中国为起点的、遍及欧亚大陆甚至包括北非和东非在内的长途商业贸易和文化交流线路的总称。这个概念本身不是中国学者的发明，而是德国地理学家李希霍芬 1877 年在《中国：我的旅行成果》中提出的。李氏所用"丝绸之路"指自中原经河西走廊和塔里木盆地到中亚、西亚和地中海的多条贸易路线。之后，法国汉学家沙畹于 1903 年在《西突厥史料》中将这个概念拓展为包含历史上曾存在的、从中国出发的海上贸易路线。从根本上讲，虽然"丝绸之路"讲述的是历史上中国与世界各国的贸易联系，但它不是中国所独有的，而是沿线国家共享的一个历史文化遗产。例如，2014年《世界遗产名录》所收录的"丝绸之路：起始端和天山廊道的路网"，就是由中国、哈萨克斯坦和吉尔吉斯斯坦三国共同申请的。

另外，我们当前试图勾勒的"丝绸之路"是将两千多年的历史现象压缩到当前一刻而形成的图景。历史上，"丝绸之路"的具体线路和空间走向随着地理环境、经济发展以及政治和宗教演变而不断发生变化。今天，我们回溯历史所观察到的"丝绸之路"实际上是一个相当密集的贸易网络，而不是几条固定的线路。所以，今天我们理解"丝绸之路"时，不宜将其视为一个具体的空间现象，而是沿线各国共同认可的一个历史文化符号，其内涵可以归结为"和平、友谊、交往和繁荣"。

因此，"一带一路"借用"丝绸之路"这个文化符号向世界传递了一种发展理念，这就是《愿景与行动》中提到的"和平、合作、发展、共赢"。因此，尽管历史上"丝绸之路"的空间走向具有某种象征意义，但是"一带一路"并非要恢复这些古代贸易线路，也不是只有古丝路沿线地区才有资格参与的一项重大世纪工程，而是建设一个我国与沿线国家共谋发展、共享繁荣的国际区域合作平台。"丝绸之路"这个历史文化遗产为国际区域合作提供了深厚的文化基础。

2. "一带一路"不是区域发展战略

自"一带一路"战略提出以来，一个广为流行的看法是："一带一路"是我国的区域发展战略，特别是针对古丝绸之路沿线地区的发展战略。将"一带一路"、京津冀协同发展和长江产业带并列称为新时期我国三大区域发展战略的说法，曾不绝于耳。这种认识曾引起不少对"一带一路"战略的误解。例如，某些省份认为自己在"一带一路"上具有某种特殊的、排他性的地位，而另一些省份认为自己与"一带一路"建设没有什么关系。

区域发展战略是处理一个国家内部地区之间发展关系以及地区发展与国家整体发展关系的特殊的制度性安排，属于国家内部事务。一般来讲，其核心目的有三：培育区域竞争力、促进欠发达地区的发展、支持"问题区域"的振兴。典型的区域发展战略如西部大开发、东北等老工业基地振兴、中部崛起等。根据《愿景与行动》，"一带一路"是统筹我国全方位对外开放的长远、顶层战略，是我国与沿线国家共同打造开放、包容的国际区域合作网络的倡议。也就是说，其建设是以国家间合作为主要平台，而不是少数毗邻地区之间的合作。因而，"一带一路"是涉及国际合作的国家战略，是我国开放发展的主要旗帜和平台；无论从属性上还是从范畴上看，它都不属于区域发展战略。

仅从国内来看，"一带一路"建设也应该是一个举国战略，而不是某些地区的专属性工作。就五个合作重点（即"五通"）而言，政策沟通、资金融通、经贸畅通和民心相通更是全国性的工作，是全国各地区都要参与、也都能参与的工作。当然，设施联通确实有具体的空间指向，这项工作会让特定地区受益多一些。因而，"一带一路"不能被视为我国的区域发展战略，而是一个更为宏大和长远的顶层设计和国家战略；将其视为区域发展战略有损于这个战略的地位和作用，也会引起沿线参与国家的疑虑。2015 年 11 月公布的《中共中央关于制定国民经济和社会发展第十三个五年规划的建议》（以下简称《建议》），进一步明确了推进"一带一路"建设是开放发展的重要内容。

当然，"一带一路"战略确实具有显著的区域影响或某些区域属性。例如，一方面，六大经济走廊的打造以及内陆开放型经济高地的建设（见《愿景与行动》），将带动中西部若干地区的发展，形成新的增长极；另一方面，与沿线国家经贸往来的深化和扩大，将推动沿海经济中心的持续发展，有助于提升其国际竞争力。正因如此，《建议》在阐述拓展发展新空间中提到，以区域发展总体战略为基础，以"一带一路"建设、京津冀协同发展、长江产业带建设为引领，形成沿海沿江沿线经济带为主的纵向横向经济带。

总的来看，"一带一路"战略具有多重空间属性，从上到下包含了国际区域合作网络、重要经济走廊、节点城市乃至产业集聚区。尽管具有区域属性，但是"一带一路"从根本上是统筹全方位对外开放的重大国家战略，其区域属性应服从于国家属性，而不是替代国家属性。

3. "一带一路"不是单向的"走出去"

"走出去"是"一带一路"建设的重要内容，也是其战略基础。正因如此，社会上出现了一种误解，即"一带一路"建设就是要"走出去"。相应地，部分地方政府部门出现了加速"走出去"的预期，一些企业形成了尽快"走出去"的愿望，个别地方甚至将"走出去"作为政绩来考虑。这是相当有风险的认识误区。

确实，我国正在进入资本大规模"走出去"的新阶段。2004～2014年，我国对外投资增长了20多倍；2014年，我国对外直接投资与所吸引的外资基本持平。这个增长态势与 20 世纪八九十年代欧美发达国家对外投资增长态势有相像之处。其主要原因为：劳动密集型产业在我国正在失去竞争力，需要转移到劳动力成本更低的国家；部分行业产能过剩问题突出，需要向海外转移；我国庞大的消费市场已经培育出一批具有国际投资能力的大企业；我国需要在海外建立战略性资源保障基地。这标志着以中国资本"走出去"为特征的第二次全球产业转移的开始，将开启经济全球化的新时代。

在上述背景下，资本"走出去"是"一带一路"建设的重要内容。但是，不能由此而认为"一带一路"建设就是单向的资本"走出去"。由于我国与发达国家仍然存在很大的技术梯度差，在未来相当长的时期里我国仍必须高度重视"引进来"。实际上，经济全球化就是各国之间相互投资不断加深的过程。过去三十多年，欧美发达国家既是对外投资的大国，也是吸引外资的大国。因此，"一带一路"建设需要在鼓励资本"走出去"的同时，继续高度重视资本"引进来"工作，并将两者有机结合起来。只有这样，才能通过国际经贸合作推动我国产业的转型升级和经济的持续健康发展。

另外，由于我国地域辽阔、地区间发展水平差异大，并不是所有地区都已经进入到大规模"走出去"的发展阶段。各地区需要根据自身特点，科学确定参与"一带一路"建设的工作重点，不能盲目跟风。一味追求"走出去"，将导致不必要的投资风险。

在"一带一路"建设中，要分门别类地鼓励企业以适宜的方式"走出去"，不能"一窝蜂"地到海外设厂。要有"走出去"的顶层设计，对于不同类型的"走出去"要给予不同的政策支持。顶层设计所考虑的核心因素是我国的产业转型升级和就业岗位，而不是资本是不是"走出去"了，以及"走出去"的量有多大。既要谨防因"走出去"而形成我国制造业的"空心化"，也需要积极防范"走出去"的各种投资风险。后者特别需要政府的支持和服务。在这方面，应学习新加坡政府建立海外工业园的经验，如新加坡苏州工业园。我国可以挑选一些条件相对较好的国家，协商合作建立若干个由对方政府支持的工业园，为我国企业特别是民营企业"走出去"创造更加稳定的条件。

4. "一带一路"不是地缘战略

"一带一路"战略的出现既有我国发展阶段变化的内在原因，也是过去三十年国际经济格局变化的必然结果。其中，我国成为世界第二大经济体、第一大制造业国家、第一大商品贸易国家以及重要的资本输出国，是"一带一路"建设的重要基础。在此背景下，一些学者倾向于将"一带一路"解读为我国的地缘战略。这种认识与"一带一路"的根本理念相去甚远。

所谓地缘战略，一般意义上被理解为地缘政治谋略，讨论的是国家政治行为与地理位置之间的关系。从拉采尔的"国家有机体论"到马汉的"海权论"再到麦金德的"陆权说"，都是在探讨如何控制世界、如何进行势力扩张，特别是借助武力的控制和扩张。在第一次世界大战之后，由于一些学说被用来服务于纳粹德国的扩张，地缘政治研究曾在相当长的时期里因名声不好而衰落。即使是在得到不断恢复的今天，地缘政治研究也主要是为各国制定国防和外交政策提供参考依据。而"一带一路"是推动沿线国家深化国际经贸合作的倡议，与地缘战略所关注的核心问题相去甚远。当然，如果地缘战略仅指地缘经济关系，那么它与"一带一路"存在相通之处，但问题是国际上通常把地缘战略理解为地缘政治谋略，具有进攻性。

根据《愿景与行动》，"一带一路"是"促进共同发展、实现共同繁荣的合作共赢之路，是增进理解信任、加强全方位交流的和平友谊之路"。"一带一路"建设坚持"共商、共建、共享"的原则，积极推进沿线国家发展战略的相互对接。可以说，《愿景与行动》中出现频率最高的词汇就是"共同"及"合作"。因而，"一带一路"是探索对接发展、合作共赢等国际合作新途径的尝试，也是探索全球经济治理新模式的尝试。这与地缘战略所讨论的自我利益扩张是完全不同的思维。将"一带一路"误读为我国的地缘战略，在某种程度上是对其的歪曲，将有损于其倡导的"对接"及"合作"理念，不利于其顺利建设。

5. "一带一路"不是简单的"线状"经济体

几乎每一个看到"一带一路"这个名词的人，都会不自觉地去想象或追问"带"在哪里、"路"在哪里。这其实也是一个误解。尽管名词中包含了线状经济体的直接含义，但"一带一路"是一个具有抽象性和隐喻性的概念，其核心内涵是借助"丝绸之路"的文化内涵打造国际区域经济合作的平台，而不仅仅是建设几条路那么简单。线状经济体（如经济走廊、经济带等）仅仅是这个平台的重要组成部分，或者说是其具象的表征。

在这方面，需要处理好"虚"与"实"的关系。所谓"虚"，是指"一带一路"的建设理念及其所搭建的合作平台。也就是说，"一带一路"首先是我国与其他国家的战略进行对接的一个抓手，是一个合作的"舞台"，能够让我们出去可以和别人有共同话语，有利于开展合作。所谓"实"，是指"一带一路"建设必然有很多具体建设项目，包括很多线状基础设施。

《愿景与行动》提出打造新亚欧大陆桥、中蒙俄、中国—中亚—西亚、中国—中南半岛、中巴和孟中印缅六大国际经济合作走廊，但这些走廊是更为宏大"一带一路"合作愿景的重要载体，而不是"开放、包容、均衡、普惠的区域合作架构"的全部。因此，正确理解"一带一路"首先需要将其视为我国与沿线国家对接发展、合作发展的平台，其次才是各种"线状"载体。否则，很难充分发挥"一带一路"这个对接平台的作用，也与其开放、包容的性质不相符。

三、"一带一路"：开启包容性全球化的新时代

"一带一路"战略提出已经两年多了，但是学术界尚未建立起相应的学术话语体系来支撑这个战略的实施。各种解读很多，但却未达成共识。而且，如上所述，一些解读有偏颇之处，有些则是误读。正确理解"一带一路"需要认识其出现的大背景，这就是经济全球化的深入发展。

过去三四十年，经济全球化的机制和过程深刻地改变了世界经济格局，也导致了世界范围内社会结构的变化。一方面，发达国家经济不断"金融化"和"高科技化"，而制造业出现"空心化"；另一方面，以中国为代表的部分发展中国家崛起成为制造业大国。可以说，自 20 世纪 70 年代开始的第一次全球产业转移，已经改变了传统的"核心（发达国家）—边缘（欠

发达国家)"二元结构，形成了"发达国家（金融、科技）—新兴国家（制造业）—欠发达国家（初级产品）"的三元结构。另外，经济全球化机制的内在矛盾，即资本可以在全球范围内自由流动寻找最低生产区位与劳动力难以自由流动之间的矛盾，导致了世界贫富差距急剧扩大。根据扶贫慈善机构乐施会（Oxfam）的研究，2016 年占全球人口 1％的富人群体所拥有的财富将超过其余 99％全球人口所拥有财富的总和。如何在推进经济全球化深入发展的同时避免贫富差距（国家间、地区间、收入阶层间）继续扩大，是全球实现可持续发展面临的一个突出问题。

当前，随着中国资本的大规模"走出去"，世界迎来了第二次全球产业转移。由于经济格局的变化（从"二元"到"三元"）和社会矛盾的突出（贫富差距扩大），新一轮经济全球化需要新的治理机制来推动和保障。在这方面，作为第二轮全球产业转移焦点的中国，需要为推动经济全球化深入发展做出更大的努力。

改革开放以来，中国通过渐进式的改革开放不断深入地参与了经济全球化的进程。一方面通过引进资本、技术和管理经验推动了自身经济的腾飞，另一方面也逐步建立起了适应经济全球化的治理机制。可以说，过去二三十年我国的经济高速发展得益于经济全球化。当然，我国也对世界经济增长做出了巨大贡献。特别是 2008 年以来，我国对世界经济增长的贡献程度超过 30％。当前，我国的经济已经与世界紧密联系在一起：中国离不开世界，世界也离不开中国。因此，我国需要为维护经济全球化的成果、发展经济全球化的机制做出更大的贡献，需要在符合当前世界发展机制和趋势的前提下更深地融入全球经济体系，并在引领世界经济发展中发挥更积极的作用。

"一带一路"战略正是在这个国内外大背景下诞生的，是推动包容性全球化的努力。根据《愿景与行动》，"一带一路"建设致力于维护全球自由贸易体系和开放型世界经济，但它不是简单地延续以往的经济全球化，而是全球化的一种新的表现形式，其中的突出特征是融入了"丝绸之路"的文化内涵，即倡导包容性全球化。其包容性主要体现在以下几点：一是"开放包容"和"平等互利"的建设理念。"一带一路"不划小圈子、不搞"一言堂"，秉持开放的态度，欢迎所有愿意参与的国家或地区平等地参与。二是"共商、共建、共享"的原则。"一带一路"特别强调共同发展、共同繁荣等。三是"和而不同"的文化观念。在维护文化多元性的基础上共谋发展、共求繁荣、共享和平，是大多数国家的共同愿望。

因此，总的来看，共建"一带一路"是包容性全球化的倡议，是探索推进全球化健康发展的尝试。它并不是中国的"特立独行"，也不是中国版的"马歇尔"援助计划，而是在经济全球化机制下促进区域共赢发展的一个国际合作平台。通过共建"一带一路"来完善经济全球化的机制，既符合我国"走出去"的需要，也是让全球化惠及更多国家和地区的需要。"一带一路"将开启包容性经济全球化的新时代！

四、小结

"一带一路"是我国为应对世界经济格局变化和经济全球化

进入新阶段而提出的一个重大倡议，将对我国乃至世界的发展产生持久的影响。对于国内而言，"一带一路"是我国全方位对外开放的统领性战略，是我国实现"开放发展"的主要旗帜和载体，决定着未来数十年我国的发展路径和模式；对于世界而言，"一带一路"是改革现有国际经济治理模式、实现包容性发展的尝试，是推动世界从"二元"分割发展到"三元"融合发展的努力，有可能改变未来数十年的世界经济格局。

应深刻认识到，"一带一路"是统筹我国全方位对外开放的长远、重大战略，不是谋一时一事的短期战略。而且，"一带一路"建设需要大量与沿线国家对接的工作，不是我们想多快就多快、想怎么干就怎么干。由于我国面临着十分复杂的国际环境，不宜预期"一带一路"建设可以"一蹴而就"，需要有长远打算和系统布局，需要有战略定力。因此，这个战略的实施，在若干关键点上可以求快、突出示范效应，但在大局上应该系统布局、稳步推进，谨防因急躁情绪而失误。

总体上，"一带一路"不是一个关乎我国自身发展的内部战略，而是我国的全球战略。对于这个战略，我们首先需要从世界的角度来思考、观察和理解它，特别是从经济全球化的视角。只有从宏观上正确理解其出发点和内涵，才能更好地推动"一带一路"建设的落地，也才能让其发挥更加积极有效的作用。本文讨论了若干对"一带一路"的认识误区，期望能够对在实际工作中正确把握其战略内涵起到一定的作用。需要强调的是，这些认识并非百分之百错误，而是缺少宏观上的把握。

参 考 文 献 （略）

"一带一路"：引领包容性全球化[*]

"一带一路"：引领包容性全球化 [*]

刘卫东

（中国科学院地理科学与资源研究所）

摘要： "一带一路"建设是新时期我国全方位对外开放的旗帜和主要载体，也是我国推动世界经济治理改革的尝试。其核心要义是利用"丝路精神"推动沿线国家的合作，实现互利共赢，其中"丝路精神"指在丝绸之路上薪火相传的"和平合作、开放包容、互学互鉴、互利共赢"的精神。在经济全球化进入"十字路口"和迷茫区的大背景下，共建"一带一路"倡议为改革世界经济治理模式提供了中国方案，成为世界各国推动经济全球化深入发展和机制改革的一面旗帜，为21世纪的世界和平与发展带来新的哲学思维，将引领包容性全球化。

关键词： "一带一路"　包容性全球化　经济全球化　全球经济治理　中国

---

* 原载于《中国科学院院刊》2017年第4期。

1. 引言

"一带一路"建设是新时期我国全方位对外开放的旗帜和主要载体，也是我国推动世界经济治理改革的尝试。该战略源自习近平总书记 2013 年 9 月和 10 月出访中亚和东南亚国家期间提出的两个倡议：9 月 7 日在哈萨克斯坦纳扎尔巴耶夫大学演讲时，总书记提出与中亚国家共建"丝绸之路经济带"的倡议；10 月 3 日在印度尼西亚国会演讲时，他提出与东盟国家共建"21 世纪海上丝绸之路"。在当年 12 月召开的中央经济工作会议上，"一带一路"成为一个专有名词，特指"丝绸之路经济带"和"21 世纪海上丝绸之路"。2015 年 3 月 28 日在海南博鳌亚洲论坛上，经过国务院授权，国家发展改革委、外交部和商务部共同发布了《推动共建丝绸之路经济带和 21 世纪海上丝绸之路的愿景与行动》（以下简称《愿景与行动》）。2016 年 8 月 17 日，中央召开推进"一带一路"建设工作座谈会，习近平总书记发表了重要讲话，提出"八个推进"，并强调以"钉钉子"的精神把"一带一路"建设工作一步一步推向前进。

三年多来，"一带一路"建设已进入全面实施阶段，取得了不少重要进展，在国际上产生着越来越广泛的影响。不但沿线国家普遍支持"一带一路"建设，而且一些处于观望或视而不见的发达国家也已开始重新审视共建"一带一路"倡议。当前，国际形势正在发生剧烈变化，保护主义和民粹主义抬头，给世界经济增长带来诸多不稳定因素。特别是，美国特朗普政府退出 TPP（跨太平洋伙伴关系协定）并计划撕毁多边贸易协定，使经济全球化出现某种程度的倒退趋势。在此背景下，共建"一带一路"倡议必将承担更为重要的历史责任，成为世界经济增长的稳定器和发动机，以及推动经济全球化改革发展的一面旗帜。本文将分析"一带一路"建设的宏观背景，讨论经济全球化的机制与局限性，并从推动经济全球化改革发展的角度来探讨"一带一路"建设的内涵，认为共建"一带一路"倡议是包容性全球化的倡议，将为 21 世纪的世界和平与发展带来新的哲学思维，为当前低迷的世界经济亮起一盏航灯。

2. "一带一路"建设的宏观背景[①]

"一带一路"建设是党中央和国务院统筹国内外形势变化做出的长远、重大战略，是我国发展到特定阶段以及世界经济格局变化的必然结果。总体上看，无论是我国庞大的经济体量及其转型升级的需要，还是当前世界格局和世界形势对我国承担更大国际责任的需要，都要求我国必须及时转变观念，更多地从全球视野去思考问题、谋划资源配置。唯有如此，才能推动我国社会经济持续健康发展，建设世界强国，实现"中国梦"；也才能更好地参与国际经济治理，为全球可持续发展做出更大的贡献。

近四十年来，全球社会经济格局发生了重大变化，而其驱动力主要是经济全球化。全球化看似包罗万象，但其核心现象是在制度、经济和技术力量的共同推动下，世界正在被塑造成为一个紧密的社会经济空间，各主体之间的相互关联和相互影响越来越强。其突出特征是投资和贸易自由化，具体表现是全球贸易增长快于生产增长、对外直接投资快于贸易增长、跨国公司数量和势力不断上升、生产方式转变（特别是零部件"外

---

① 本小节根据《"一带一路"战略研究》第一章相关内容提炼而成。

包"日趋流行）导致了紧密的全球生产网络等。从结果看，一方面，经济全球化曾对促进全球经济增长起到了积极作用。1970～2010 年，世界经济增长速度年平均达到了 3.16％，总规模增长了 3.47 倍。另一方面，全球化也加剧了世界各国（地区）发展的不均衡，其中大量发展中国家获益较少。在发达国家内部，大公司及其高管获益最多，基层民众获益少。这导致了全球范围内社会不公平现象日益突出。根据扶贫慈善机构乐施会（Oxfam）的研究，2016 年占全球人口 1％的富人群体所拥有的财富超过其余 99％全球人口所拥有财富的总和①。因此，如何在推进全球化深入发展的同时避免贫富差距继续扩大，是全球实现可持续发展面临的突出问题。

与此同时，借助全球化的力量，近四十年我国实现了举世瞩目的高速经济增长，改变了世界经济格局（图 1）。1978 年，按当年汇率计算我国国内生产总值（GDP）占世界的份额只有 1.8％（按购买力平价计算为 4.9％），出口额占世界的比重不到 1.5％；2015 年，两个数字已分别上升到 15％（按购买力平价计算为 20％）和 13.8％。相应地，2010 年我国成为世界第二大经济体，2013 年成为世界第一大货物贸易国，2015 年成为世界第二大对外投资国。同时，我国还是世界制造业第一大国，占世界制造业产值的 24％。自 2008 年全球金融危机以来，我国对世界经济增长的贡献率平均保持在 30％左右。如此庞大的经济体（2016 年为 11 万亿美元），必然是塑造世界格局的重要力量。伴随美国特朗普政府的"新政"落地，国内外不少媒体纷纷炒

① 乐施会全球贫富差距报告（http://finance.chinanews.com/cj/2015/01-27/7009775.shtml）。

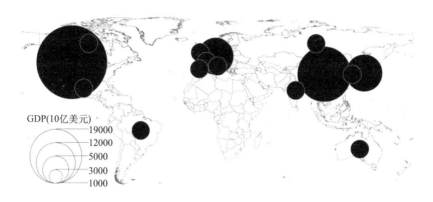

a: 2015年

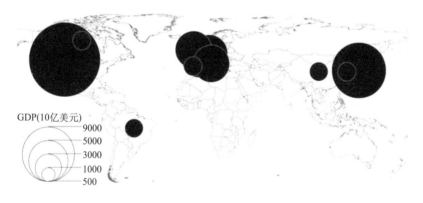

b: 1997年

图1　世界主要国家 GDP 规模分布

资料来源：世界银行数据库。

作"中国领导世界"、"中国引领全球化"等话题。但是，在当今世界格局下，我国如何更加深入地参与世界经济治理、承担好应该承担的世界责任，是需要仔细研究和妥善处理的，也是需要创新理念和实施平台的。

尽管当前我国已经是世界第二大经济体、中等偏上收入国家，但仍处在实现"中国梦"的征途之中，实现产业转型升级、

成为世界强国还有很长的路要走。从百年尺度看，近四十年我
国的经济崛起是一百年来世界经济格局最大的变化，也是三百
年来世界格局变化中屈指可数的重大事件。根据经合组织前首
席经济学家麦迪逊的估算，18 世纪初我国占全球经济的比重接
近 1/3，在新中国成立之时这个比重下降到 4.6%，一直到改革
开放之初也只有 4.9%（图 2）。经过近四十年的奋斗，按麦迪
逊的计算方法，我国占世界经济的比重已经上升到 20% 左右。
以重回世界强国作为参照系，我国当前的位置犹如爬山到半山
腰。一方面，每向上一步都是艰难的，容不得懈怠；另一方面，
需要更加开阔的视野，放眼世界。

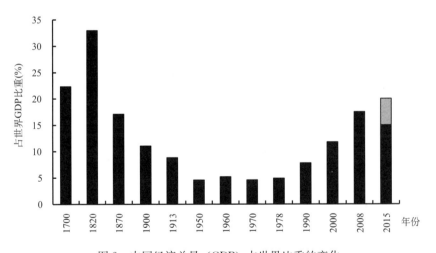

图 2　中国经济总量（GDP）占世界比重的变化

资料来源：Maddison（2009），2015 年为作者估算值（其中黑色为按官方汇率
计算结果，加上灰色部分为按 PPP 法估算结果）。

此外，经过近四十年的高速增长，我国的经济体系面临着
巨大的转型压力。首先，我国取得的经济增长成就付出了巨大
的资源环境代价。大气污染（特别是雾霾）、水体污染、土壤污

染、湿地消失、草原退化等一系列生态环境问题，已经严重威胁到我国的可持续发展，建立一个资源环境可持续的经济体系已经刻不容缓。其次，从经济系统看，我国进入了"新常态"，需要从要素高投入和出口导向型发展模式转向依靠创新活动、更加重视国内消费拉动的多元化发展模式。无论是产业转型升级，还是实施创新驱动发展，都意味着经济活动的空间重组，特别是全球尺度的空间重组。也就是说，我国转变发展方式，需要从全球尺度去谋划，在全球尺度上去配置资源才能实现。事实上，这种空间重组已经拉开了序幕。从 2006 年到 2016 年，我国对外直接投资从数十亿美元迅速攀升到 1 700 多亿美元（不含金融类投资）。保障我国大规模海外投资的利益，并让我国的资本全球化惠及更多的发展中国家和地区，实现合作共赢，需要一个全新的国家战略，一个面向全球的国家战略。

3. 经济全球化的机制与局限性

共建"一带一路"倡议是在经济全球化大背景下产生的。正确理解这个倡议的重要意义和作用，需要深刻认识经济全球化的机制及其局限性。如前所述，经济全球化是制度、经济和技术力量共同作用下出现的一个历史现象，其中既包含客观的动力，也涉及制度因素。从客观动力来看，一方面，资本积累具有无休止的空间扩张和空间重组的内在需求；另一方面，生产方式从福特主义向后福特主义转变让零部件"外包"日趋流行，这使得世界很多地区被紧密的供应链联系在一起，形成了各种各样的全球生产网络。此外，过去半个多世纪以来交通和通信技术的进步，让跨越空间组织经济活动的成本大幅度下降，产生了所谓的"时空压缩"。然而，这一切都只是创造了可能性，决定性因素是包括发达和发展中国家在内的世界多数国家"相信"自由贸易是有利的，纷纷拥抱了投资和贸易自由化政策。当然，这种将全球化的动力机制区分为客观和主观的看法，源自于不同的本体论和认识论，即人类不是"经济动物"，有意愿也有能力管理自己的需求与欲望。

尽管"经济全球化"这个术语在 20 世纪 90 年代后才开始被广泛地使用，但经济全球扩张的进程却已经存在了几个世纪。第一次高潮出现在 18 世纪末至 19 世纪中期，其主要表现形式是殖民背景下的贸易扩张。当时，以英、法为代表的发达工业国以武力为后盾强迫殖民地半殖民地国家降低甚至取消关税，将后者变成原料供应地、商品倾销市场和资本输出场所，形成了"核心—边缘"国际分工。此时的所谓"自由贸易"是建立在殖民主义基础上的不平等贸易。第二次高潮发生在 19 世纪下半叶至 20 世纪初，其主要形式为技术进步推动的资本全球扩张。一方面电力、通信、交通技术的进步使人类跨越空间的成本大幅度下降，另一方面技术创新催生了垄断资本主义，其结果是世界对外直接投资大幅度上升。例如，1900～1914 年，世界对外投资总额几乎翻了一番，达到 430 亿美元。然而，这一时期资本的全球扩张仍然具有明显的殖民主义色彩，而且由于两次世界大战戛然而止。

第二次世界大战后世界迎来了第三次经济全球扩张的高潮，其特征是美国主导建立的一系列国际经济合作机制和国际机构，如布雷顿森林体系、国际货币基金组织、世界银行、关贸总协定等，及其形成的汇率机制和自由贸易机制。尽管战后殖民地体系逐步瓦解，但历史上形成的"核心—边缘"模式仍然发挥作用，不平等的分工未能改变。在战后繁荣期，西方主要国家采取了凯恩斯主义政策，认为政府管制和干预主义措施是必要的。同时，由于当时这些国家经济繁荣，资本积累压力不大，流向海外的内在动力小。再加上"冷战"格局的影响，这一时期的经济全球扩张中贸易的成分远大于资本扩张，因而未形成真正意义上的经济全球化。

20 世纪 70 年代，西方主要发达国家结束了战后繁荣期，出现了严重的"滞胀"问题。为了摆脱危机，以里根和撒切尔政府为代表的西方国家纷纷抛弃了凯恩斯主义政策，拥抱哈耶克的新自由主义思想，大幅度减少政府干预，将国有企业私有化，并采取措施推动投资和贸易自由化。在此背景下，发达国家的资本开始大规模流向发展中国家，出现了彼得·迪肯称之为"全球产业转移"的现象。特别是，90 年代初"冷战"结束后，发达国家的对外投资呈现出爆发式增长。与此同时，经济危机迫使西方企业不断调整生产方式，从过去的垂直一体化、大规模生产的福特主义方式，转向零部件"外包"、灵活生产的后福特主义方式。这使得供应链逐渐拉长，零部件生产的地区专业化分工越来越明显，带来了供应链贸易的大幅增长。例如，尽管产业集群日趋流行，但当前东亚内部贸易中 70% 以上是中间产品的贸易。因此，发达国家大规模对外投资、生产方式的转变、信息技术的进步以及新自由主义思潮的流行，共同推动世界正在成为一个越来越紧密的社会经济空间。这便是我们称之为"经济全球化"的历史现象，也是经济全球扩张的第四次高潮。

纵观历史进程，资本空间扩张的本性是经济全球扩张的根本动力，技术进步是"催化剂"，而国家管制和干预则是"闸门"。马克思在《资本论》中精彩地论述过，资本主义生产方式总会产生过度积累的压力，从而导致周期性经济危机。而他也曾指出，技术进步和空间转移可以延缓经济危机的发生。20 世纪 70 年代，美国著名地理学家大卫·哈维把马克思的思想发展成为一套完整的解释资本积累地理机制的学说，其核心概念就是资本的"空间出路"。哈维认为，资本积累离开空间扩张和空间重组难以维系，需要不断寻求"空间出路"，而交通和通信技术的进步为资本空间扩张提供了必要条件，降低了其空间位移的成本。因此，无休止的运动是资本积累的一个突出特点。正是资本积累"空间出路"与新自由主义思潮的完美结合，拉开了资本在全球尺度上进行大规模空间扩张的序幕，催生了经济全球化的出现。

由此可见，过去三十多年的经济全球化是欧美发达国家为了解决当时遇到的"滞胀"问题而打造的一套国际经济治理机制，其根基是新自由主义思想。在推行经济全球化过程中，这些发达国家不但认为市场可以解决所有问题，而且认为世界上存在一条"最佳"发展道路，这就是他们曾经走过的道路，并不断向发展中国家输出这种思想。90 年代的"华盛顿共识"正是新自由主义政策的产物，让苏联和东欧国家陷入多年的经济衰退。在这方面，西方主流经济学和发展经济学起到了推波助澜的作用。很多主流经济学家用数学模型论证自由贸易可以让各国实现均衡发展，而现实却大相径庭（至少在很多空间尺度上如此）。事实上，早在 19 世纪中叶，英国在废除自己的《谷物法案》后就鼓动西欧国家实施完全自由贸易，而仅仅二十多年之后其他国家便感觉到利益受损，纷纷采取保护主义措施。另外，主流经济学关于自由贸易的理论是基于平均个体认识论的，社会基层很容易被"平均"。这正是发达国家在全球化中获得了巨大利益，而其基层民众利益受损的重要原因。

因此，新自由主义经济全球化是一套主要满足资本空间扩张需要的机制。在这个机制下，资本和大公司获得了巨大利益，而社会特别是基层民众付出了巨大代价，导致了严重的社会问题。此外，由于资本可以自由流动而劳动力难以自由流动的内在矛盾，新自由主义全球化是一个导致"几家欢乐几家愁"的过程。任由这套机制主宰世界经济治理，全球社会矛盾将日益突出，全球可持续发展目标将难以实现。事实上，特朗普当选美国总统、英国脱欧等一系列"黑天鹅事件"，都显示出世界存在改革经济全球化机制的巨大需求。

4. "一带一路"建设的核心理念：包容性全球化

经济全球化是一把"双刃剑"，既推动了世界经济增长，也带来了严峻的社会问题。近期，美国退出 TPP（跨太平洋伙伴关系协定）并计划撕毁多边贸易协定，使经济全球化似乎出现倒退趋势。但是，现代生产方式、全球生产网络和现代通信技术已经把世界上很多国家紧密联系在一起，你中有我、我中有你，世界已经不可能退回到完全的孤立主义和封闭时代。因此，在这个历史节点上，世界需要的是改革经济全球化的机制，而不是推倒重来。

不难观察到，当今世界回荡着谋求改革的声音，而改革尤其需要新的思维和新的模式。作为世界第二大经济体以及拥有成功发展经验的大国，我国应该为经济全球化改革发展提供中国方案。从解决全球化负面效应来看，新的国际经济治理模式，需要顾及社会基层的利益，需要让现代化的基础设施延伸至更多的地区，需要让经济增长惠及更多的民众。而过去三十多年的实践证明，完全依靠市场机制，很难实现这样的目标。因此，既要继承经济全球化有益的一面，也要进行改革。从根本上讲，应该摈弃新自由主义思维，树立起"包容性全球化"的旗帜。而这正是习近平总书记提出的共建"一带一路"倡议的核心内涵和精髓，"一带一路"将成为引领包容性全球化的一面旗帜。

根据习近平总书记的重要讲话，共建"一带一路"就是用"丝路精神"推动沿线国家的合作，实现互利共赢。所谓"丝路精神"指在丝绸之路上薪火相传的"和平合作、开放包容、互学互鉴、互利共赢"的精神。《愿景与行动》明确提出，共建"一带一路"将"秉承开放的区域合作精神，致力于维护全球自由贸易体系和开放型世界经济"，"旨在促进经济要素有序自由流动、资源高效配置和市场深度融合，推动沿线各国实现经济政策协调，开展更大范围、更深层次的区域合作，共同打造开放、包容、均衡、普惠的区域经济合作架构"。这其实正是"丝路精神"与经济全球化理念的有机结合，是开创包容性全球化道路的重要尝试。

"一带一路"建设是包容性全球化的倡议，至少可以从以下几点来理解。首先，应重视政府的作用，特别是在维系社会公平和减少贫困方面的作用，而不是依赖市场机制解决所有问题；其次，推崇发展道路选择的多样性（新自由主义全球化只推广一条道路，即发达国家已经走过的道路），每个国家应该根据自身的特点探索适宜的发展道路；第三，强调国家之间发展战略的对接，寻找利益契合点，这并非仅仅满足资本"信马由缰"的空间扩张需要，因此将让更多地区受益；第四，坚持"开放包容"和"平等互利"的理念，突出"共商、共建、共享"的原则，把寻找发展的最大公约数放在首位，谋求共同发展、共同繁荣；第五，遵循"和而不同"的观念，在维护文化多元性的基础上共谋发展、共求繁荣、共享和平。

因此，共建"一带一路"倡议为推动经济全球化深入发展提供了新的思维，这就是包容性全球化。从历史趋势看，包容性全球化可以视为经济全球化的 2.0 版本，将为世界的和平与发展带来中国智慧和中国方案。或许这就是凯恩斯主义和新自由主义之后新的治理模式。

5. 结论

世界在经历两百多年的经济全球扩张后，在制度、经济和技术因素共同作用下进入了经济全球化时代，而经济全球化在三十多年后走到"十字路口"，何去何从对于全球可持续发展至关重要。当前，关于经济全球化的争论很多，既有坚定的拥趸者，也有尖锐的批判者。由于我国的经济增长得益于经济全球化，国内外很多学者和媒体呼吁我国去引领全球化。这种呼声从大方向看是正确的，但是我国不能原封不动地走推动全球化的老路。首先，不能忽视经济全球化带来的负面问题，应该正视这些问题，寻找解决办法。其次，我国获益于经济全球化是因为我国有一个强有力的政府，将市场力量与政府力量有机结合起来，而不是照搬西方发展模式。继续推动主要满足资本空间扩张需要的新自由主义全球化，不仅不利于全球可持续发展，也与我国的社会制度不相容。因此，我国应该用自己的发展经验去引领经济全球化机制的改革，为国际经济治理提供中国方案。

习近平总书记提出的共建"一带一路"倡议，基于丝绸之路的历史文化内涵，向世界展示了全新的合作理念和合作模式。其精髓是"丝路精神"与全球化的有机结合，其内涵是包容性全球化。三年多前，当我国提出并开始"一带一路"建设之时，没有人能够预见到全球化形势会如此急转直下。当时，我国只是想通过"一带一路"建设为全球经济治理"添砖加瓦"。现在经济全球化进入"十字路口"和迷茫区，这在客观上使"一带一路"建设成为世界各国推动经济全球化深入发展和机制改革的一面旗帜，将引领包容性全球化。

参 考 文 献（略）

用"丝路精神"推动世界和平与发展[*]

刘卫东　宋周莺　刘志高

（中国科学院地理科学与资源研究所）

2017 年 5 月 14～15 日，我国成功举办了"一带一路"国际合作高峰论坛（以下简称"高峰论坛"）。来自 110 多个国家和 70 个国际组织的 1 500 位嘉宾出席了论坛，包括 29 位外国元首和政府首脑、近百位外国政府部长级以上高官，以及联合国秘书长、世界银行行长、国际货币基金组织总裁等 60 个国际组织的"一把手"，让此次高峰论坛成为 1949 年以来我国举办的层级最高、规模最大的主场外交活动，把"一带一路"建设推向了新的高度。正如习近平总书记在欢迎晚宴祝酒词中指出的，"一带一路"建设正站在新的起点上，开启新的征程。

高峰论坛期间，总书记发表了三次重要讲话，包括论坛开幕致辞、圆桌峰会开幕致辞和闭幕致辞，进一步全面系统地阐述了共建"一带一路"倡议的背景、理念、原则和目标，得到了与会各国领导人、国际组织负责人和政、产、学各界代表的

---

[*] 原载于《紫光阁》2017 年第 7 期。

高度认同，让这个中国倡议成为全球共识，成为世界各国应对"和平赤字、发展赤字、治理赤字"的合作新平台。在圆桌峰会上，30 位国家首脑和联合国、世界银行、国际货币基金组织负责人达成广泛共识，共同签署了《"一带一路"国际合作高峰论坛圆桌峰会联合公报》（以下简称《联合公报》）。《联合公报》指出，"一带一路"倡议为各国深化合作、共同应对全球挑战提供了重要机遇，有助于推动实现开放、包容和普惠的全球化。高峰论坛期间及前夕，各国政府、地方、企业、高校及研究机构达成了 5 大类、76 大项共 270 多项成果，包括合作备忘录、重要举措和务实成果。这标志着"一带一路"建设实现了从理念到全面行动、从愿景到现实的重大转变，进入到全面务实合作的新阶段。

纵观"一带一路"倡议提出三年多来所取得的成就，特别是本次高峰论坛的成功举办可见，总书记的"一带一路"倡议不仅在我国落地开花，为构建全方位对外开放新格局、推动经济转型升级和实现中华民族伟大复兴的"中国梦"指明了道路方向，而且也在世界范围内得到了广泛认同，为 21 世纪的世界发展带来新的思维，成为推动世界和平与发展的一盏航灯。

1. "一带一路"的来龙去脉

共建"一带一路"倡议源自习近平总书记于 2013 年 9 月和 10 月出访中亚和东南亚国家期间提出的两个倡议。9 月 7 日在哈萨克斯坦的纳扎尔巴耶夫大学发表演讲时总书记提出，"为了使欧亚各国经济联系更加紧密、相互合作更加深入、发展空间更加广阔，我们可以用创新的合作模式，共同建设'丝绸之路经济带'"。10 月 3 日在印度尼西亚国会演讲时总书记提出，

"中国愿同东盟国家加强海上合作……共同建设'21世纪海上丝绸之路'"。同年11月,"推进丝绸之路经济带和海上丝绸之路建设,形成全方位对外开放新格局"被写入党的十八届三中全会通过的《中共中央关于全面深化改革若干重大问题的决定》。在12月召开的中央经济工作会议上,"一带一路"成为一个专有名词,特指"丝绸之路经济带"和"21世纪海上丝绸之路"。

总书记在高峰论坛的圆桌峰会开幕致辞中曾谈到,当时提出"一带一路"倡议源于他对世界形势的观察和思考。他指出,"当今世界正处在大发展大变革大调整之中,全球经济增长基础不够牢固,贸易和投资低迷,经济全球化遇到波折,发展不平衡加剧,战乱和冲突、恐怖主义、难民移民大规模流动等问题对世界经济的影响突出……只有加强合作、形成合力,才能促进世界和平安宁和共同发展"。这个倡议之所以能够在短短三年多时间里就取得了如此重大的进展,其原因正如总书记指出的,该倡议"顺应了时代要求和各国加快发展的愿望,提供了一个包容性的发展平台"。

2014年年底,国家有关部门完成了"一带一路"建设战略规划。2015年3月28日,在海南博鳌亚洲论坛上,经国务院授权,国家发展改革委、外交部、商务部联合发布了《推动共建丝绸之路经济带和21世纪海上丝绸之路的愿景与行动》,这标志着共建"一带一路"正式进入实质性推进阶段。此后,国内各部门和各省区市纷纷制定了参与"一带一路"建设的实施方案。国际上,越来越多的国家与我国签署共建"一带一路"合作备忘录,加强与我国的战略对接。根据总书记在高峰论坛上的开幕致辞，我国已经与俄罗斯提出的欧亚经济联盟、东盟提出的互联互通总体规划、哈萨克斯坦提出的"光明之路"、土耳其提出的"中间走廊"、蒙古国提出的"发展之路"、越南提出的"两廊一圈"、英国提出的"英格兰北方经济中心"、波兰提出的"琥珀之路"等进行了对接。在政策沟通和战略对接的牵引下，"一带一路"建设取得了超出预期的成果。截至高峰论坛结束，我国已经与 60 个国家和国际组织签署了共建"一带一路"合作备忘录。

2016 年 8 月 17 日，中央召开推进"一带一路"建设工作座谈会（以下简称"8·17座谈会"），习近平总书记发表了重要讲话，提出"八个推进"，并强调以"钉钉子"的精神把"一带一路"建设工作一步一步推向前进。2017 年 5 月 10 日，推进"一带一路"建设工作领导小组办公室发布了《共建"一带一路"：理念、实践与中国的贡献》，进一步阐释了共建"一带一路"的内涵与理念，总结了三年多来共建"一带一路"的实践与成果。5 月 14～15 日在北京举办的高峰论坛则是"一带一路"建设的里程碑，让建设理念更加清晰、建设机制更加有力、建设行动更加具体，让总书记提出的"一带一路"倡议在世界范围内得到广泛的认可，成为推动世界经济治理体系改革发展的一面旗帜。

2. "一带一路"的核心理念：丝路精神

"一带一路"倡议的文化根基与核心理念是"丝路精神"。丝绸之路是指从古代开始陆续形成，遍及欧亚大陆甚至包括北非和东非在内的长途商业贸易和文化交流线路的总称，是沿线国家所共有的历史文化遗产。总书记敏锐地洞察到丝绸之路的文化内涵对于推动当今世界各国深化合作的重大意义，多次在出访期间发表的重要演讲中阐述"丝路精神"。总书记曾指出，"古丝绸之路绵亘万里，延续千年，积淀了以和平合作、开放包容、互学互鉴、互利共赢为核心的丝路精神"。这个精神可以为沿线国家的当代经贸合作提供历史渊源，以及可以借鉴的合作理念和合作模式。在高峰论坛开幕致辞中，总书记对"丝路精神"进行了全面而深刻的阐释，让更多的国外领导人清楚地了解到"一带一路"倡议的根本含义，认可了这个倡议对于解决全球性挑战的作用和意义。

和平合作。历史表明，古丝绸之路在和平时期是畅通的，在战乱时期是中断的。这说明，和平是交流、合作、发展、繁荣的前提。从中国汉代的张骞，唐宋元时期的杜环、马可·波罗、伊本·白图泰，到明代的郑和，一代又一代"丝路人"架起了东西方合作的桥梁。总书记指出，"这些开拓事业之所以名垂青史，是因为使用的不是战马和长矛，而是驼队和善意；依靠的不是坚船和利炮，而是宝船和友谊"。当今世界处于大发展大变革大调整时期，尽管和平与发展是时代的主流，但冲突与动荡也频频发生。古丝绸之路留给我们的"和平合作"精神，是弥补"和平赤字"的不二选择。

开放包容。古丝绸之路跨越埃及文明、巴比伦文明、印度文明、中华文明的发祥地，跨越佛教、基督教、伊斯兰教信众的汇集地。不同文明、宗教、种族求同存异、开放包容，并肩书写相互尊重的壮丽诗篇，携手绘就共同发展的美好画卷。这给我们的启示是，"文明在开放中发展，民族在融合中共存"。只有求同存异、开放包容，才能在此基础上寻找利益契合点，共同制定合作方案，共同采取合作行动，形成政策沟通、规划对接、发展融合、利益共享的合作新格局。

互学互鉴。古丝绸之路不是单向输出，而是双向交流和相互学习之路；不仅是一条通商易货之道，更是一条知识交流之路。沿着这条路，中国将丝绸、瓷器、漆器、铁器贸易到西方，将四大发明和养蚕技术传向世界；同时也为中国带来了胡椒、亚麻、香料、葡萄、石榴，以及佛教、伊斯兰教及阿拉伯的天文、历法、医药。"五色交辉，相得益彰；八音合奏，终和且平"，人类文明没有高低优劣之分，因为平等交流和相互学习而变得丰富多彩。总书记指出，"更为重要的是，商品和知识交流带来了观念创新……这是交流的魅力"。因此，共建"一带一路"就是要实现优势互补、相互交流、合作创新。

互利共赢。古丝绸之路见证了陆上"使者相望于道，商旅不绝于途"的盛况，也见证了海上"舶交海中，不知其数"的繁华。总书记强调，通过资金、技术、人员等要素的自由流动，古丝绸之路创造了地区大发展大繁荣，实现了商品、资源、成果的共享。历史告诉我们，交流创造新机会，合作谱写新乐章。共建"一带一路"旨在寻找发展的最大公约数，共同做大发展的"蛋糕"，共同分享发展成果，避免地缘对抗的老路，实现合作共赢的新篇章。

在本次论坛开幕致辞中总书记指出，"历史是最好的老师……无论相隔多远，只要我们勇敢迈出第一步，坚持相向而行，就能走出一条相遇相知、共同发展之路"。在圆桌峰会开幕致辞中总书记再次强调，"我们完全可以从古丝绸之路中汲取智慧和力量，本着和平合作、开放包容、互学互鉴、互利共赢的丝路精神推进合作，共同开辟更加光明的前景"。

3. "一带一路"建设的重大意义：引领包容性全球化

古人云："以天下之目视者，则无不见；以天下之耳听者，则无不闻；以天下之心思虑者，则无不知"。"一带一路"倡议是总书记深入观察和思考世界形势变化，统筹国内国际发展大局高瞻远瞩地做出的重大战略决策，既有利于我国经济转型升级和实现"中国梦"，也将推动世界经济治理体系的改革，有助于21世纪世界和平与发展。站在推动全球可持续发展的高度，总书记提出的共建"一带一路"倡议开创了经济全球化的新道路，将引领包容性全球化。

在本次高峰论坛上，很多国家首脑在演讲中都指出，"一带一路"建设具有强大的包容性，将让更多的地区分享全球化的好处。例如，巴基斯坦总理谢里夫认为，"一带一路"倡议表现出强大的文化多元性和包容性，为处于全球化边缘的人们提供了发展机遇。法国前总理德维尔潘认为，"一带一路"建设是联通古今、通向未来的桥梁，旨在发展的道路上"不让一个人掉队"。智利总统巴切莱特、土耳其总统埃尔多安、捷克总统泽曼、埃塞俄比亚总统穆拉图等都表达了同样的期待。联合国秘书长古特雷斯在高峰论坛前夕接受中央电视台采访时曾指出，"一带一路"非常重要，能够把世界团结在一起，促进全球化朝着更公平的方向发展。高峰论坛的成功举办表明，总书记提出的"一带一路"倡议契合了世界上大多数国家和人民的期望。

"一带一路"建设既是我国建设世界强国的必然道路选择，也是中国版的经济全球化方案。当前，我国经济发展进入"新常态"，需要从要素高投入和出口导向型发展模式转向依靠创新驱动、更加重视国内消费拉动的多元化发展模式。无论是产业转型升级，还是实施创新驱动发展，都意味着经济活动的空间重组，特别是全球尺度的空间重组。也就是说，我国转变发展方式，需要从全球尺度去谋划、在全球尺度上去配置资源才能实现。总书记在"8·17座谈会"上曾指出，"一个国家强盛才能充满信心开放，而开放促进一个国家强盛……随着我国经济发展进入新常态，我们要保持经济持续健康发展，就必须树立全球视野，更加自觉地统筹国内国际两个大局，全面谋划全方位对外开放大战略，以更加积极主动的姿态走向世界。"

经济全球化是制度、经济和技术力量共同作用下出现的一个历史现象。一方面，根据马克思的《资本论》，资本积累具有无休止的空间扩张和空间重组的内在需求。另一方面，零部件"外包"日趋流行使得世界很多地区被紧密的供应链关系联系在一起，形成了"你中有我、我中有你"的生产网络。此外，过去半个多世纪以来交通和通信技术的进步，让跨越空间组织经济活动的成本大幅度下降，产生了所谓的"时空压缩"。纵观历史进程，资本空间扩张的本性是经济全球扩张的根本动力，技术进步是"催化剂"，而国家管制和干预则是"闸门"。正是20世纪80年代开始流行的新自由主义思潮，拉开了资本在全球尺度上进行大规模空间扩张的序幕，催生了经济全球化的出现。其制度取向是全面自由化、市场化和私有化，以及政府零干预，其代表性政策是"华盛顿共识"。

因此，新自由主义全球化是一套主要满足资本空间扩张需要的机制。在这个机制下，资本和大公司获得了巨大利益，而社会特别是基层民众付出了巨大代价。就全球而言，很多发展中国家在全球化过程中被边缘化了，没有分享到好处。从发达国家内部看，社会极化现象日趋突出。根据乐施会的研究，2016年占全球人口1％的富人群体所拥有的财富超过其余99％全球人口所拥有财富的总和。任由这套机制主宰世界经济治理，全球社会矛盾将日益突出，全球可持续发展目标将难以实现。正如总书记在高峰论坛开幕致辞中睿智地指出的，"和平赤字、发展赤字、治理赤字，是摆在全人类面前的严峻挑战。"

"一带一路"倡议顺应和平、发展、合作、共赢的时代潮流，聚焦全球发展面临的核心挑战，与联合国2030年可持续发展议程方向一致，为全球经济治理提供了新思维和新模式，体现了中国智慧。"一带一路"倡议秉持中国传统的"天下为公""万邦和谐""万国咸宁"的理念，强调"共商、共建、共享"，共同打造全球经济治理新平台，不搞"集团政治"和对抗性的"结盟"。总书记曾强调，"'一带一路'倡议是一个开放包容的合作平台，对所有寻求发展的国家开放，对合作不附加任何政治条件"。这个倡议致力于打造互利共赢的"利益共同体"和共同发展繁荣的"命运共同体"，在致力于维护全球自由贸易体系和开放型世界经济的同时，更加倡导包容性发展。这是对经济全球化机制的改革，是开创包容性全球化道路的重要尝试。

基于总书记的"一带一路"思想，《联合公报》提出"共同致力于建设开放型经济、确保自由包容性贸易……携手推进'一带一路'建设和加强互联互通倡议对接的努力，为国际合作提供了新机遇、注入了新动力，有助于推动实现开放、包容和普惠的全球化……实现包容和可持续增长与发展"。可以说，推动包容性全球化是在本次高峰论坛上各国首脑达成的重要共识。

这是总书记"一带一路"倡议对全球经济治理以及 21 世纪世界和平与发展的重大贡献。

4. 小结

总书记曾指出,"当今世界正在发生复杂深刻变化,世界多极化、经济全球化、社会信息化、文化多样化深入发展,和平发展的大势日益强劲,变革创新的步伐持续向前……世界经济增长需要新动力,发展需要更加普惠平衡,贫富差距鸿沟有待弥合。"站在构建人类利益共同体和命运共同体的高度,基于千年薪火相传的"丝路精神",总书记提出了共建"一带一路"的伟大倡议,为 21 世纪世界和平与发展提供了新的思维和新的合作模式,为全球经济治理改革提供了"中国方案",为实现联合国 2030 年可持续发展议程提供了重要平台。

在这种新的合作理念的推动下,我国正在与越来越多的国家签署共建"一带一路"合作备忘录,加强国家之间发展战略的对接,寻找利益契合点;坚持"开放包容"和"平等互利"的理念,把寻找发展的最大公约数放在首位,谋求共同发展、共同繁荣;遵循"和而不同"的观念,推崇发展道路选择的多样性,在维护文化多元性的基础上共谋发展、共求繁荣、共享和平。推进"一带一路"建设,有助于推动实现包容性全球化,构建繁荣、和平的人类命运共同体。

附录 2

相关专访

"一带一路"：将创造难以估量的经济潜力

《中国新闻网》记者周锐，2015 年 3 月 28 日

　　中国官方 28 日披露推动共建"一带一路"的《愿景与行动》。中科院地理所所长助理刘卫东接受中新社记者专访时，从相关区域的特点出发，分析了共建"一带一路"对沿线国家的红利。

　　刘卫东表示，欧洲是社会经济相对发达的区域，而东亚是近三四十年发展活力最强的区域，加强这两个区域的连接可以创造出难以估量的经济潜力。此外，互联互通建设能够改善区域的运输和区位条件，从而创造一系列新的经济增长热点区域。

　　中国官方当天发布的框架显示，丝绸之路经济带重点畅通中国经中亚、俄罗斯至欧洲（波罗的海）；中国经中亚、西亚至波斯湾、地中海；中国至东南亚、南亚、印度洋。21 世纪海上丝绸之路重点方向是从中国沿海港口过南海到印度洋，延伸至欧洲；从中国沿海港口过南海到南太平洋。

　　刘卫东表示，"一带一路"是一个宏观战略层面的概念。此次发布的《愿景与行动》中提出的陆上三个方向和海上两个方向，主要是针对互联互通和国际运输通道而言的，"位于国际运

输通道上的国家，肯定合作的机会会多一些，条件要好一些"。

不过刘卫东提醒说，不能因为"带""路"等表述以及方向安排就把"一带一路"简单地想象为"具象"的带状经济。从根本上看，"一带一路"是一个开放、包容的国际合作网络，欢迎任何有兴趣的国家参与，不具有特定的具体空间倾向，"很多合作领域或项目，比如政策、资金、经贸和人文合作，都是两国或多国之间的合作，而不是比邻的国家次区域的合作"。

刘卫东强调，共建"一带一路"的区域连接效果将带来许多机会：欧洲是社会经济相对发达的区域，而东亚是近三四十年发展活力最强的区域，加强两个区域连接可以创造出难以估量的经济潜力。

而共建"一带一路"对单一区域环境的改善也将创造新的增长点。他表示，欧亚大陆的内陆国家基础设施相对薄弱，高度依赖陆路运输。丝绸之路经济带的建设有助于这些国家大大改善自身运输条件和区位条件，从而创造更多经济机会，造就新的经济增长热点区域。

"例如，俄罗斯的远东地区、中亚的主要运输枢纽地区和资源富集地区、东南亚和南亚的主要海上节点城市、中国西部的节点城市等"，刘卫东表示，新的经济增长热点区域的出现有助于形成共同发展、共同繁荣的合作共赢大格局，大幅度提高沿线各国人民的福祉。

"当然，各国之间的设施联通并非易事，有技术层面的问题（如轨距），也有融资机制的问题，还有外交层面的问题等"，刘卫东表示，过去，上述问题妨碍了各国之间高效的互联互通。而在"一带一路"框架下，这些问题都有望得到解决。

　　他表示，可以期待，在沿线各国共同努力下，随着政策沟通、设施联通、贸易畅通、资金融通、民心相通的逐步落实，各国人民之间的交往会更加便利、更加方便，也能够更多地分享经济全球化带来的好处。

"一带一路"不是单向的"走出去"

《21 世纪经济报道》记者李伯牙，2015 年 4 月 23 日

4 月 22 日，中国国家主席习近平出席亚非领导人会议和万隆会议 60 周年纪念活动，此前，他访问了巴基斯坦。这一系列外交活动的大背景是中国正在推动的"一带一路"战略。

在国内，这一战略也在推进。此前，《推动共建丝绸之路经济带和 21 世纪海上丝绸之路的愿景与行动》（下文简称《愿景与行动》）已全文公布，各省区市正编制地方对接"一带一路"规划。但对于很多地区而言，"一带一路"的一些概念还需进一步厘清。

近期，《21 世纪经济报道》记者专访了中国科学院地理科学与资源研究所"一带一路"战略研究中心主任、研究员刘卫东。值得一提的是，早在 2013 年下半年他就开始参与并主持了相关研究。

刘卫东认为，"一带一路"是有区域影响的国家战略，但不是区域战略，它体现的是国家治理新理念。

向世界表达中国要走什么路

记者：《愿景与行动》现在看来它不是一个规划，您怎么看

它对"一带一路"的阐释?

刘卫东:"一带一路"是中国提出的倡议,但这个倡议不是中国人自己可以完成的。所以,习近平主席在博鳌亚洲论坛上讲"一带一路"建设不是中国一家的独奏,而是沿线国家的合唱。"一带一路"建设是需要所有参与的国家共同来完成的历史性任务,它不是靠一个国家的规划能解决的。

所以《愿景与行动》只是提出中国希望在这方面做什么事,也提出了我们认为要优先做的一些事。这些事情能不能落实,还有待于将来和其他国家进行双边或者多边的协商和对接工作。

不要轻易把它跟中国以前出台的很多规划相比,那是我们国家内部的事情。"一带一路"必须和参与的国家共同来做,所以我们不太愿意用规划来形容它。

"一带一路"传达了一个很重要的信号,就是中国希望走一条和平、友谊、合作、发展、共赢的道路。中国现在成为世界第二大经济体,需要清楚、明确、公开地向世界表达未来我们希望走一条什么样的路。

"一带一路"不是区域战略

记者:"一带一路"办公室负责人欧晓理近期曾表示,"一带一路"战略实施覆盖全国,不存在哪一个省份缺席。

刘卫东:自从"一带一路"战略提出以来,确实有不少误解。有很多地方认为,在历史上自己处于丝绸之路沿线就能参与,相反,不在丝绸之路上的就没办法参与,其实不然。

十八届三中全会在提到对外开放的任务里面,强调的就是推进"一带一路"建设,打造我国全面对外开放新格局。

"一带一路"是全国对外开放的平台,不要以为这是个区域战略。一些学者和官员说它是区域战略，我认为这没有正确理解"一带一路"战略的内涵。

"一带一路"在互联互通和贸易通道打造方面，会涉及一些空间上的方向，所以《愿景与行动》里提到了几个不同的重点空间方向，在这些空间方向上的基础设施建设投入可能会大一些，其他方面的推动力度也强一些。

我反对有些省份把自己定位为在"一带一路"上有某种特殊地位的、排他性的地区。"一带一路"是一个开放、合作的网络，网络里边只有节点没有起点，任何一个节点都可能成为起点。

记者："一带一路"战略，与京津冀协同发展、长江经济带，还有自贸区之间的关系？

刘卫东："一带一路"是全方位对外开放的平台，它是一个顶层和长远的战略。京津冀协同发展和长江经济带虽然也是国家战略，但它们是国家的区域性战略。

我一直认为这三个战略是不能平行来提的。它们在对外开放平台建设上是相互交叉的，尤其是自贸区，一定是"一带一路"建设里很重要的载体，因为它涉及贸易的便利化，会促进贸易的发展。而且，我相信将来可能在"一带一路"重要的节点上，会出现新的自贸区。

"一带一路"不是单向的走出去

记者：在几个重要的空间走向上，一些重点区域、重要节点会有什么样的政策或者是项目的倾斜？

刘卫东：像特区那样专门针对某些地方的政策恐怕不会有，也不符合现在的国家治理方式。"一带一路"建设，比如在融资方面、在企业走出去方面，应该会有普惠性的政策。在某些特定的地方，有可能会有"一带一路"的某些政策需要先行先试，然后再复制推广到整个"一带一路"建设中。

"一带一路"建设的重点是"走出去"，特别是沿海发达地区可能更多的是"走出去"；即将失去竞争力的劳动密集型的企业也可能面临着"走出去"；对于这些年由于发展速度过快导致的相对过剩但技术水平不低的产能，比如钢铁也可能会"走出去"。

"走出去"和"引进来"也是相互结合的，我们也会吸引很多投资，这绝不是单向的中国资本走出去的过程。西部一些欠发达地区重点还是要吸引一部分投资，开发当地优势的生产要素，这些地方真正大规模走出去的条件不是很成熟。《愿景与行动》重点谈到了"走出去"，但我认为不同的地区情况不一样。

可以预期，"一带一路"的建设，特别是通道的建设、基础设施的改善，对于某些通道上特定位置的区域会产生比较积极的作用。通道本身只是货物运输的作用，并不能说经贸就发生在这个地方，经贸合作可能发生在全国各个地方。这些不同通道的建设，实际上是在为我们打开全方位对外开放的通道。

记者： 现在中国提出用产业园的模式跟国外来进行合作建设"一带一路"。

刘卫东： 对，产业园是中国很成功的模式。但是我建议中国企业"走出去"不要单打独斗，产业园要与更多合作伙伴一起来建设，运作和投资要多元化，让大家共同分享好处，这才符合"一带一路"的理念。

"一带一路"将促进区域均衡发展

记者：《愿景与行动》公布后，对国内区域经济发展带来哪些影响？

刘卫东：中国区域发展是不平衡的，而每一项国家战略都会对区域发展产生影响，所以国家也可能希望这个战略能够对重点地区的发展起到促进作用，从而带动中国整体的均衡发展。

比如《愿景与行动》对东北提得相对比较多，原因是这两年出现了"新东北现象"。作为学者，我们也希望"一带一路"战略能够把东北地区的发展拉动起来，对于西部很多地方更是如此。

没有必要觉得白皮书里没提就受到冷落，其实每个地方都有很多机会去参与。经贸、投资、人文等方面的一系列合作，怎么可能局限于几个特殊的地方？但是，我认为中央也关心"一带一路"战略能否在促进中国相对均衡发展上起到一些作用。

记者：您认为它其实不是一个区域战略，但它在中国的落地需要相关区域政策来支撑。

刘卫东：一个战略要有它的统一性，如果你在国内宣传它是区域战略，会给沿线希望参与的国家带来混淆。所以我一直反对把它称作区域战略，也不能把它转化为区域战略来讲。这样有悖于这项工作的目的，因为它是一个国际的区域合作网络。这件事的推进对我国的区域发展有影响，但我要特别强调一下，它绝对不是我国的区域发展战略。

记者：在"一带一路"战略中提到，打造一些节点城市或者是战略支点，另外还提到城市群，这些在"一带一路"中是什么样的作用？

刘卫东：我认为这是希望通过"一带一路"来促进我们区

域均衡发展，将对外开放基础比较好的地方作为节点。但是，我不同意"一带一路"会对哪个城市或地区产生什么特殊重大影响，机会是大家共同拥有的，取决于自己区域本身有多少发展的能量，比如资本的富余程度或技术的发展程度。

当然，在互联互通建设方面会对一些地区产生影响。例如，通道建设以后，某些产品运输便利化程度提高，可能会吸引一些企业到那里去。比如"渝新欧"，虽然现在货量不是特别大，但这是一个信号，可以把货物通过铁路运输到欧洲，让人感觉到区位条件改善了，这自然会吸引一部分企业。

比如绥芬河、黑河、满洲里、二连浩特等边境口岸，随着贸易通道的打通或者互联互通设施的改善，它们的区位变得越来越好，变成开放的前沿。

地方和企业不能一哄而上

记者：现在我们对内对外解释清楚什么是"一带一路"，我们下一步怎么来推进？

刘卫东：分国内国外两个部分。对于国内部分，我们要做好自己的工作，力所能及的已经开始做了。之前双边、多边已经谈好的很多项目，现在可以落地实施了。

下一步很重要的工作就是我们应该和相关的国家，以双边或多边的形式去对接一些具体的项目，找到利益共同点就可以把项目落实了。

寻找利益共同点是一个磨合的过程，没有必要因为某个特定项目遇到一点波折，就觉得信心受到很大打击。国际项目都存在这种波动性，我们经验不足，还受到很多因素的干扰，很难完全避免波动性。但是我相信这种双方相互合作的需求，这种共赢的愿望和找到利益共同点的可能性都是非常大的。

记者：您对"一带一路"推进最关心的是什么问题？

刘卫东：我比较担心的是，可能各地或者企业会一哄而上，因为中央政府一号召，地方和企业响应程度是非常高的。如果我们过于急躁，在对对方了解不清楚、不深入的情况下，利益共同点找得不是那么恰当，可能会出现一些失误。

所以我建议大家要积极响应，但不要一哄而上，应该是首先深入了解对方，和对方进行全面沟通，不要为了走出去而走出去。

"一带一路"涉及很多国家，需要双方或者多方共同协商，所以我们不要过于急躁，它是一个长期的过程，至少要把目光放到二三十年后。过去三十年我们发展很快，所以对什么都希望有速度。但毕竟要和别人商量、要共同来做，要把前期的政策沟通、规划协商、利益共同点的寻找等工作做得深入些，要慢慢来。

"五大发展理念系列谈"之"开放发展"

《人民日报》记者廖文根，2015 年 12 月 16 日

（"铸就中国梦　成就世界梦"部分专访内容）

1. 十一届三中全会以来，"开放"就成为一个时代主题。党的十八届五中全会突出强调要坚持"开放发展"，有何深意？

"改革"和"开放"是十一届三中全会以来我国取得举世瞩目经济发展成就的两大法宝。20 世纪 80 年代以来，我们通过渐进式的改革开放不断深入地参与了经济全球化的进程，借助引进资本、技术和管理经验等推动了自身经济的腾飞。应该承认，我们的高速发展得益于经济全球化，同时也对世界经济增长做出了巨大贡献。现在，我们的经济已经与世界紧密联系在一起：中国离不开世界，世界也离不开中国。因此，只有秉承"开放发展"的理念，我们才能正确谋划未来的发展道路。

从另一方面来看，过去三十多年的"开放"主要还是单向的，即我们积极顺应全球产业转移的趋势、吸引外资参与我们的经济建设。而近十年特别是 2008 年全球金融危机以来，我国对外投资规模迅速增加，逐步进入了资本和产业"走出去"的阶段，正在带动形成第二轮全球产业转移。这标志着我们国家

进入了"走出去"与"引进来"并重的阶段,即双向开放的新时代。在这个背景下,只有深入实施开放战略,将"走出去"与"引进来"有机结合,才能通过国际经贸合作推动我国产业的转型升级和经济的持续健康发展。

此外,我国已经是世界第二大经济体和世界第一大商品进出口国,需要承担更大、更多的国际责任,发挥世界经济增长"火车头"的作用。这也要求我们必须从开放发展、合作发展和共赢发展的视角来思考问题、谋划出路。

2. "开放"带给中国最大的变化是什么?"开放发展"的核心要义是什么?

"开放"给我们国家带来的变化是巨大的、有目共睹的。首先是观念的变化。我们从不了解市场如何运作到把市场作为资源配置的主体力量,我们从只按计划办事到熟悉国际市场游戏规则,这些都离不开"开放"。其次是一套适应经济全球化的治理机制。经过三十多年"开放"的打磨,我们国家已经建立了比较完善的社会主义市场经济体系,能够满足国内外投资者的需要,也能基本适应全球经济竞争。第三是经济实力的快速增长。外资和外贸对过去三十多年我国经济增长的贡献是毋庸置疑的。改革开放之初,我们国家占世界经济的份额只有5%左右,2014年这个数字已达到13%。

"五中全会"突出强调了"开放发展",这里面既有延续以往开放发展的内容,也包含着全新的内涵。其核心要义可以从四个方面来理解。一是双向开放,促进国内国际要素有序流动。也就是说,在新的发展形势和发展阶段下,我们需要从全球视野考虑配置资源,更加深入地融入全球经济体系。二是合作共赢，即建立广泛的利益共同体和命运共同体，实现更大范围的包容性发展，带动世界经济增长。三是开放机制，一方面要完善国内的营商环境、健全适应国际贸易投资规则的体制机制，另一方面要推动建立海外投资服务体系和保护机制。四是国际责任，即更多地承担作为世界第二大经济体的责任，包括推动建立更加公平的全球经济治理体系、维护国际和平、援助发展中国家等。

3. "十二五"期间特别是党的十八大以来，我国对外开放的深度和广度进一步拓展，一个更高水平的开放格局正在形成。在"开放发展"方面，我们还有哪些难题亟待破解，还有哪些潜力可以挖掘？

"十二五"以来我国对外开放呈现出新的趋势，即"双向开放"。经过三十多年来以"引进来"为特征的开放发展，我们积累了大量适应"招商引资"的治理经验，但是这些经验主要是关于如何吸引外来投资者，难以满足我们资本"走出去"的需要。因而，在新一轮开放发展中，第一个亟须破解的难题就是我们"走出去"的经验不足。发达国家在这方面有数十年甚至上百年的经验，而我们大规模"走出去"还不到十年。无论是政府还是企业，都需要潜心、虚心、认真地学习国际游戏规则，更好地积累到海外投资的经验。学术界则应尽快转变价值观念和资助机制，建立以服务"走出去"为荣的学术氛围，加强对相关国家治理结构、投资环境、市场需求等方面的研究。

第二个需破解的难题是协调问题。在我们的治理结构下，中央政府的号召力和动员力非常强。战略一出，各部门、各地区以及社会各界都会积极响应。但积极性调动起来以后，如何协调就是大问题了。在我们"走出去"的过程中，不乏企业恶性竞争的案例。当前，各部门、各地区在海外投资、合作、援助等方面正显露出不协调的苗头。一些突破利益底线的案例将会给后续合作带来极其不好的示范效应。因此，新一轮开放发展亟须一个统筹协调机构。

第三个需破解的难题是平衡问题。一方面，"走出去"与"引进来"需要平衡。开放发展就是要在国际范围内寻求优势互补，我们与发达国家仍有很大的技术梯度差，仍需要高度重视吸引更高层次的外来投资。另一方面，企业大规模"走出去"与国内制造业岗位创造之间也需要平衡。要谨防因"走出去"而形成我国的制造业的"空心化"。

4. 中国成为有影响力的大国的一个重要标志是积极参与全球经济治理。在这方面，我们应有何作为？

伴随经济实力和地位的提升，我们参与全球经济治理的能力正在逐步提高。例如，我们发起成立了亚洲基础设施投资银行和金砖国家新开发银行，我们在世界银行和国际货币基金组织中的话语权得到一定程度的提高。在这方面，需要清醒地认识到，提高全球经济治理话语权并不是要"另起炉灶"。一方面，我们要维护经济全球化的机制；另一方面，应该推动全球化机制的改革，让全球化惠及更多的国家和地区。积极推动合作共赢的包容性全球化，就是我们对于全球经济治理体系发展的一个重要贡献。我们能否获得更多的全球经济治理话语权，关键取决于我们提出的全球发展理念及其实践能否获得更多国家的认同。

5. "一带一路"正在成为世界性话题。"一带一路"将给中国和世界带来什么？

从根本上看，"一带一路"是一个合作共赢的倡议，是包容性全球化的倡议。"丝绸之路"是沿线各国共有的一个历史文化遗产，我国借助"丝绸之路"的历史文化内涵向世界表达了未来我们要走的一条发展之路，即"和平、发展、合作、共赢"。对于中国而言，"一带一路"是全方位对外开放的统领性战略，是实现"开放发展"的主要旗帜和载体，带来双向的投资和贸易便利化，决定着未来数十年我国的发展路径和模式；对于世界而言，"一带一路"是改革现有全球经济治理模式、实现包容性发展的尝试，是推动世界从"核心—边缘"的二元结构到"三元"融合发展（即以新兴国家为纽带将发达国家和发展中国家紧密联系起来）的努力，有可能改变未来数十年的世界经济格局。因此，"一带一路"不仅仅是建设几条路、几个走廊，而是我们国家更深地融入全球经济体系、发挥更大引领作用的一个平台。"一带一路"建设将给世界带来和平和繁荣，带来包容性发展，造福有关各国。

"一带一路"战略与多尺度空间规划
对应访谈录

《西部人居环境学刊》专访作者吕斌，2016 年第 1 期

1. 如何正确理解"一带一路"战略的内涵？

"一带一路"是统筹我国全方位对外开放的重大国家战略，是新时期我国开放发展的主要旗帜和载体。根据国家发改委、外交部和商务部联合发布的《愿景与行动》，共建"一带一路"旨在"促进经济要素有序自由流动、资源高效配置和市场深度融合，推动沿线各国实现经济政策协调，开展更大范围、更深层次的区域合作，共同打造开放、包容、均衡、普惠的区域经济合作架构"。因此，"一带一路"是在经济全球化机制下促进区域共赢发展的一个国际合作平台，是包容性全球化的倡议。

过去三四十年，经济全球化的机制和过程深刻地改变了世界经济格局，但经济全球化机制的内在矛盾也导致了世界范围内贫富差距的急剧扩大。如何在推进经济全球化深入发展的同时避免贫富差距继续扩大，是全球实现可持续发展面临的一个突出问题。改革开放以来，我国通过渐进式的改革开放不断深

入地参与了经济全球化的进程，推动了全国经济的腾飞，使7亿人口得以脱贫，成为全球发展的一个亮点。我国需要为发展全球经济治理机制做出更大的贡献，并在引领世界经济发展的过程中发挥更积极的作用。"一带一路"正是在这个大背景下诞生的。它致力于维护全球自由贸易体系和开放型世界经济，不是简单地延续以往的经济全球化，而是全球化的一种新的表现形式，其中的突出特征是融入了"丝绸之路"的文化内涵，即倡导包容性。

2. "一带一路"的几个认识误区？

当前，对于"一带一路"的认识存在不少误区。首先，"一带一路"并非要重建历史时期的国际贸易路线，它所强调的是"丝绸之路"的历史文化内涵。其次，"一带一路"不是我国的区域发展战略，而是统筹全方位对外开放的长远、重大战略。前者是国内事务，而后者以国际合作为主。第三，"一带一路"不是单向的"走出去"，而是需要"走出去"与"引进来"紧密结合。第四，"一带一路"不是地缘政治战略，而是探索对接发展、合作共赢等国际合作新途径的尝试。第五，"一带一路"不是简单的"线状"经济体，而是借助"丝绸之路"的文化内涵打造国际区域经济合作的平台。关于这些认识误区，可详见《国家行政学院学报》2016年第1期的专述论文。

3. "一带一路"与京津冀协同发展以及长江经济带的关系？

当前，将"一带一路"、京津冀协同发展和长江经济带相提并论的说法非常普遍。这三者确实是新时期我国重要的三个国家级战略，但是三者并不能等量齐观。"一带一路"是统筹新时期我国全方位对外开放的长远、重大国家战略，决定着未来数十年我国的发展路径和模式；也是改革现有国际经济治理模式、实现包容性发展的尝试，有可能改变未来数十年的世界经济格局。而京津冀协同发展和长江经济带则主要是国内的区域发展战略，尽管这两个战略也涉及开放发展，但不像"一带一路"那样是总体的长远战略。总的来看，"一带一路"是我国的全球化战略，是一个更为长远的战略，是引领性战略，而另外两者是局部性、较为短期的战略。

4. "一带一路"战略对国内区域经济发展能带来哪些影响？

"一带一路"具有显著的区域影响。例如，六大经济走廊的打造以及内陆开放型经济高地的建设（见《愿景与行动》），将带动中西部若干地区的发展，形成新的增长极。尤其是欧亚大陆的互联互通和贸易便利化对于西部沿边地区的发展具有重要的推动作用，是西部大开发战略上一个新台阶的重要机遇和抓手。另外，与沿线国家经贸往来的深化和扩大，将推动沿海经济中心的持续发展，有助于提升其国际竞争力。正因如此，《中共中央关于制定国民经济和社会发展第十三个五年规划的建议》在阐述拓展发展新空间中提到，以区域发展总体战略为基础，以"一带一路"建设、京津冀协同发展、长江产业带建设为引领，形成以沿海沿江沿线经济带为主的纵向横向经济带。总体上看，"一带一路"建设有助于我国较为均衡的国土开发格局的形成。

需要说明的是，"一带一路"建设是一个全国各地区都能参与的开放发展平台，而不是少数古丝绸之路沿线地区特有的"红利"。互联互通建设以及贸易便利化条件的改善，给我国各地区的发展都会带来新的机遇。当然，沿边主要口岸城市有更多的机遇成为新的增长极。

5. 在"一带一路"战略中提到：打造一些节点城市或者是战略支点，另外还提到城市群，这些在"一带一路"中起着什么样的作用？

"一带一路"是一个国际区域经济合作平台，其根基是基础设施的互联互通以及经贸、人文等合作项目。从空间结构上看，"一带一路"呈现为一个由经济走廊和节点组成的网络式结构。走廊主要承担流通的功能，即人员、货物、信息、技术、文化等的交流通道；而节点则是各种"流"的交汇点，特别是各种经贸合作和人文交流的落地点。因此，节点城市或城市群是具体合作项目的发生地，是"一带一路"建设的落脚点和支撑点。

6. 您对推进"一带一路"战略，当前最关心的是什么问题？

首先是"走出去"经验不足的问题。发达国家在这方面有数十年甚至上百年的经验，而我们大规模"走出去"还不到十年。无论是政府还是企业，都需要潜心、虚心、认真地学习国际游戏规则，更好地积累到海外投资的经验。学术界则应尽快加强对相关国家治理结构、投资环境、市场需求等方面的研究。

其次是协调的问题。在我国的治理结构下，中央政府的号召力和动员力非常强。战略一出，各部门、各地区以及社会各界都会积极响应。但积极性调动起来以后，如何协调就是大问题了。在我们"走出去"的过程中，不乏企业恶性竞争的案例。因此，"一带一路"建设亟须一个强有力的统筹协调机构。

"一带一路"建设是沿线国家的合唱

《光明日报》记者温源，2016 年 9 月 12 日

出席推进"一带一路"建设工作座谈会并作为唯一专家代表发言后，中科院"一带一路"战略研究中心主任刘卫东每天都忙得不可开交。但回想起 8 月 17 日参会时的情景，他仍旧记忆犹新："习近平总书记讲话中所传达出来的对推进'一带一路'建设的信心和决心令我印象最深。"

"一带一路"：开创包容性全球化新时代

记者：您过去曾说过，"一带一路"其实表达的是"中国期望走的一条全球化道路"。您怎样理解这"一条道路"？

刘卫东：过去的三四十年，经济全球化深刻地改变了世界经济格局。一方面，发达国家经济不断"金融化"和"高科技化"，而制造业出现"空心化"；另一方面，以中国为代表的部分发展中国家崛起成为制造业大国。这改变了传统的世界"核心—边缘"二元结构，形成了"发达国家—新兴国家—欠发达国家"的三元结构。与此同时，世界经济仍未走出 2008 年国际金融危机的阴影，贸易持续下滑，经济增长低迷，贸易保护主义和民粹主义抬头。因此，如何在新的形势下推动世界经济复

苏，是各国之间期盼的"最大公约数"。

改革开放以来，我国通过渐进式的改革开放深入地参与了经济全球化的进程，取得了举世瞩目的发展成就。当前，我国已经是全球第二大经济体、制造业第一大国、第一大商品出口国和第三大对外投资国。以中国资本"走出去"为特征的第二次全球产业转移已经拉开序幕。在此背景下，我国需要为维护经济全球化的成果、发展经济全球化的机制做出更大的贡献，需要为带动全球经济增长承担更大的责任。

"一带一路"正是在这个世界格局大变化中诞生的，是推动全球化向包容性发展的努力，将开创包容性全球化的新时代。其包容性主要体现在"开放包容"和"平等互利"的建设理念，"共商、共建、共享"的原则，以及"和而不同"的价值观。"一带一路"不划小圈子、不搞"一言堂"，在维护文化多元性的基础上共谋发展、共求繁荣、共享和平。它不是中国一家的独奏，而是沿线国家的合唱；既符合我国"走出去"的需要，也会让全球化惠及更多国家和地区的人民。

避免陷入对"一带一路"认识的误区

记者："一带一路"是一个涉及各方面工作的统领性战略，社会各界对其还存在不同的理解，这其中是否有误读？

刘卫东：当前对"一带一路"的认识存在一些误区。首先，"一带一路"并非是要重建历史时期的国际贸易路线。"一带一路"使用了"丝绸之路"这个概念，这让一些地区热衷于挖掘自己在古代丝绸之路上曾有的地位，如起点、通道、节点等。事实上，历史上的"丝绸之路"是一个相当密集的贸易网络，而不是几条固定的线路。今天理解"丝绸之路"更应该是沿线各国共享的一个历史文化遗产,向世界传递了"和平、发展、合作、共赢"的发展理念。"一带一路"并非要恢复这些古代贸易线路,而是要建设一个我国与沿线国家共谋发展、共享繁荣的国际区域合作平台。

其次,有人将"一带一路"理解为我国的区域发展战略。有的省份认为自己在"一带一路"上具有某种特殊的、排他性的地位,而有的则认为自己与"一带一路"建设没有什么关系。实际上,"一带一路"是统筹我国全方位对外开放的长远、顶层战略,是涉及国际合作的国家战略。它不属于区域发展战略,是全国各地区都要参与、也都能参与的工作。

再次,"一带一路"不是单向的"走出去"。"走出去"是"一带一路"建设的重要内容,也是其战略基础。但是,由于我国与发达国家仍然存在很大的技术差距,在未来相当长的时期里我国仍必须高度重视"引进来"。实际上,经济全球化就是各国之间相互投资不断加深的过程,欧美发达国家既是对外投资的大国,也是吸引外资的大国。因此,"一带一路"建设在鼓励资本"走出去"的同时,也要高度重视资本"引进来"。

记者:作为唯一参会发言专家,您在会上发表了哪些见解?

刘卫东:我主要谈了自己研究"一带一路"的一些体会。第一,"一带一路"是一个全新的国家战略。前三十年我国对外开放主要是"引进来",其主要机制是招商引资,现在则是要"走出去",到别人家里"做客"。只有深化体制机制改革,才能更好地推进"一带一路"建设。

第二,"一带一路"建设需要平衡好政府作用和市场机制之间的关系,更加善于利用市场机制来推进"一带一路"的建设。

很多外界人士把"一带一路"理解为中国政府的工程，其实不是。"一带一路"是中国政府为世界资本流动提供的一个全球性公共服务平台，全世界的企业和资本都可以参与"一带一路"的建设。

第三，"一带一路"建设需要更多的理论研究、学术研究，建立更加正确的学术话语体系。

加强"一带一路"建设学术研究

记者：总书记说要"以钉钉子精神抓下去，一步一步把'一带一路'建设推向前进，让'一带一路'建设造福沿线各国人民"。您如何理解"钉钉子"的精神？

刘卫东：我理解的"钉钉子"精神就是要扎扎实实，一步一个脚印地将各项举措落到实处，要锲而不舍。要通过扎实的工作让沿线百姓真正体会到"一带一路"带来的好处和福祉。

记者：总书记提出要"加强'一带一路'建设学术研究、理论支撑、话语体系建设"。您目前在做哪些方面的相关研究？

刘卫东：总体上我国"一带一路"建设的理论研究落后于具体实践，也欠缺对"一带一路"周边国家的认识和研究，缺乏相关人才储备。我们作为理论工作者，要通过积极的学术研究在国际上推动建立相应的学术话语权，构建"包容性全球化"的学术话语体系，为"一带一路"建设保驾护航。

"一带一路"：引领包容性全球化新时代 *

刘卫东

2016 年，在深度变化的国际形势下，越来越多的人认为，"一带一路"正在成为各国推动经济全球化深入发展和机制改革的一个新平台，将引领包容性全球化新时代。

或许这将成为历史的一个转折点。英国"脱欧"、美国大选以及其他一系列折射民粹主义和保护主义崛起的大事件，都预示着新自由主义全球扩张日益走向终点。过去三十多年，新自由主义全球扩张导致严峻社会矛盾。这与其内在矛盾是分不开的——资本可以跨越国界流动，而劳动力却不能，因此结果必然是"几家欢乐几家愁"。根据慈善机构乐施会的研究，2016年占全球人口 1％的富人群体所拥有的财富将超过其余 99％全球人口财富的总和。因此，在新自由主义全球扩张过程中，资本是最大的赢家，而社会却付出了巨大的代价。这是当前国际上对经济全球化质疑声音增多的原因所在，也是理解 2016 年一系列"黑天鹅"事件的关键。

———————————
* 原载于《人民日报》2016 年 12 月 27 日第 14-15 版。

如此背景下，如何在推进经济全球化的过程中更加注重解决公平公正问题，是一项紧迫的命题，也是全球经济可持续发展面临的一个难点。这让更多人愈加重视正在推进的"一带一路"建设。中国倡导"一带一路"建设的初衷是为全球经济治理添砖加瓦，而当前的国际形势又把"一带一路"建设的意义推向一个新高度。

在引领经济全球化向更加包容、普惠方向发展的迫切性日益上升的当下，以"打造开放、包容、均衡、普惠的区域经济合作架构"为目标的"一带一路"建设，必将为经济全球化继续深入发展带来新的哲学思维，推动经济全球化进入包容性新时代。

"一带一路"建设的包容性内涵体现在诸多方面。首先，"一带一路"建设强调沿线国家发展战略的对接，寻找利益契合点，并非仅仅满足资本"信马由缰"的空间扩张需要，因此将让更多地区受益。其次，通过国家发展战略对接，沿线国家可以学习中国在推动经济发展和消除贫困方面的经验，进而可以更好地推动自身摆脱贫困和实现现代化。第三，"一带一路"建设坚持开放包容、互利共赢的理念，欢迎不同国家和地区平等参与。第四，"一带一路"建设强调"共商、共建、共享"原则，把寻找发展的最大公约数放在首位，突出共同发展、共同繁荣。第五，"一带一路"建设遵循"和而不同"观念，主张在维护文明多样性的基础上兼容并蓄、和平共处、共生共荣。最后，"一带一路"建设将把更多欠发达地区带入现代化的基础设施网络之中，并为它们带来更多经济发展机遇。

上述种种表明，共建"一带一路"是包容性全球化的重要实践，是探索推进全球化健康发展的重要尝试。三年多来的事实表明，它并不是中国的"特立独行"，而是在经济全球化条件下促进区域共赢发展的一个国际合作平台。从长远看，通过共建"一带一路"来完善经济全球化，不仅符合中国的自身发展需求，也将有助于让经济全球化惠及更多的国家和地区。

"一带一路"倡议助力构建更加均衡、普惠的世界经济格局

新华社记者王墨盈、傅于威、张骁，2017 年 1 月 18 日

当前，世界政经舞台"黑天鹅事件"频发，全球化遭遇挫折，国际合作急需引入新的思维和创新型合作模式，从而激发世界经济新的增长。在世界经济论坛 2017 年年会上，"一带一路"等中国倡议拉动区域经济合作、增益世界经济复苏前景，不断受到与会者热议。

围绕相关话题，中国科学院"一带一路"战略研究中心主任刘卫东接受新华社记者专访时指出，新形势下，各国亟待突破思维定式，摒弃陈旧模式。"一带一路"作为创新国际合作的典范，有利于把世界经济引入均衡、普惠、共赢的新境界。

刘卫东介绍说，以"包容性全球化"为核心理念的"一带一路"倡议提出并实施 3 年多来，所取得的成果已超过预期。目前，该倡议已被写入联合国决议，并获 100 多个国家和国际组织的支持。中国同 40 多个沿线国家和国际组织签署了共建"一带一路"合作协议。这表明，"一带一路"所倡导的合作理

念和模式已逐步受到国际社会关注、认同和支持。

刘卫东指出，2016 年全球"黑天鹅事件"频发，极有可能导致全球化发展停滞不前，甚至倒退。与此同时，经过 30 多年发展，中国已成为全球第二大经济体、第一大贸易国及第二大对外投资国。

刘卫东表示，在上述新形势下，中国应深化"一带一路"的作用，引领推动包容性全球化；通过推动沿线国家之间的合作，激发世界经济新增长。

他建议，首先，应在"一带一路"框架下积极与沿线国家进行战略对接；另外，打通一些条件成熟的经济走廊，如中巴经济走廊和中国—中南半岛经济走廊等。同时，通过深化与周边国家的基础设施互联互通，改善这些国家的基础设施条件，提高双边和多边的投资和贸易的便利化程度。

刘卫东提示说，"一带一路"建设应该遵循市场原则，以企业行为为主，这样才能有效降低风险。他建议，应引入第三方合作平台，同欧美国家企业加强合作，共同推进"一带一路"建设。

针对"一带一路"框架下的中外产能合作话题，刘卫东强调，产业转移符合市场经济规律。实践证明，中国通过产业转移，促进了中外产能合作，为"一带一路"沿线国家的经济社会发展提供了巨大助力。

加快推进"一带一路"建设，"五通"是关键。谈到这个话题，刘卫东指出，"五通"地位同等重要，但在建设"一带一路"中发挥的作用却有细微差别，需要参与各方悉心把握。

　　他说，中国同沿线国家的发展水平、发展模式、政治经济体制、宗教文化千差万别，若要实现有效的合作，政策沟通是前提，贸易畅通是核心目标，设施联通是基础，资金融通是保障，民心相通则是根本。

"一带一路"有力推进经济全球化变革

《中国经济时报》记者范思立，2017 年 5 月 8 日

"'一带一路'是一个'道'（即新的合作理念和思维），这个道的关键词就是包容性全球化。"刘卫东在过去两年里一直在讲包容性全球化这个话题。"一带一路"提出三年多来，他认为，最大的变化是由中国倡议转变为全球共识。

中国科学院"一带一路"战略研究中心主任刘卫东在"一带一路"国际合作高峰论坛召开前夕接受《中国经济时报》记者采访时表示，对于世界而言，"一带一路"是改革现有国际经济治理模式、实现包容性发展的尝试，是推动世界从"二元"分割发展到"三元"融合发展的努力，有可能改变未来数十年的世界经济格局。

经济全球化局限性催生"一带一路"倡议

记者："一带一路"建设已进入全面实施阶段，取得了不少重要进展，您多次谈到"一带一路"倡议是在经济全球化显露局限性的大背景下产生的，如何理解倡议的重要意义和作用？

刘卫东：共建"一带一路"倡议是在经济全球化大背景下产生的。正确理解该倡议的重要意义和作用，需要深刻认识经

济全球化的机制及其局限性。

经济全球化是制度、经济和技术力量共同作用下出现的一个历史现象，其中既包含客观的动力也涉及制度因素。从客观动力来看，一方面，资本积累具有无休止的空间扩张和空间重组的内在需求；另一方面，生产方式从福特主义向后福特主义转变让零部件"外包"日趋流行，这使得世界很多地区被紧密的供应链联系在一起，形成了各种各样的全球生产网络。此外，过去半个多世纪以来交通和通信技术的进步，让跨越空间组织经济活动的成本大幅度下降，产生了所谓的"时空压缩"。然而，这一切都只是创造了可能性，决定性因素是包括发达和发展中国家在内的世界多数国家"相信"自由贸易是有利的，纷纷拥抱了投资和贸易自由化政策。

过去 30 多年的经济全球化是欧美发达国家为了解决当时遇到的"滞胀"问题而打造的一套国际经济治理机制，其根基是新自由主义思想。在推行经济全球化过程中，这些发达国家不但认为市场可以解决所有问题，而且认为世界上存在一条"最佳"发展道路，这就是他们曾经走过的道路，并不断向发展中国家输出这种思想。20 世纪 90 年代的"华盛顿共识"正是新自由主义政策的产物，让苏联和东欧国家陷入多年的经济衰退。在这方面，西方主流经济学和发展经济学起到了推波助澜的作用。很多主流经济学家用数学模型论证自由贸易可以让各国实现均衡发展，而现实却大相径庭。事实上，早在 19 世纪中叶，英国在废除本国的《谷物法案》后就鼓动西欧国家实施完全自由贸易，而仅仅 20 多年之后其他国家便感觉到利益受损，纷纷采取保护主义措施。另外，主流经济学关于自由贸易的理论是基于平均个体认识论的，社会基层很容易被"平均"。这正是发达国家在全球化中获得了巨大利益，而其基层民众利益受损的重要原因。

因此，新自由主义经济全球化是一套主要满足资本空间扩张需要的机制。在这个机制下，资本和大公司获得了巨大利益，而社会特别是基层民众付出了巨大代价，导致了严重的社会问题。此外，由于资本可以自由流动而劳动力难以自由流动的内在矛盾，新自由主义全球化是一个导致"几家欢乐几家愁"的过程。任由这套机制主宰世界经济治理，全球社会矛盾将日益突出，全球可持续发展目标将难以实现。事实上，英国脱欧等一系列"黑天鹅事件"，都显示出世界存在改革经济全球化机制的巨大需求。包容性全球化是"一带一路"建设的核心理念。

记者： 在经济全球化出现倒退趋势的情况下，如何对经济全球化进行有效的改革？

刘卫东： 经济全球化是一把"双刃剑"，既推动了世界经济增长，也带来了严峻的社会问题。现代生产方式、全球生产网络和现代通信技术已经把世界上很多国家紧密联系在一起，你中有我、我中有你，世界已经不可能退回到完全的孤立主义和封闭时代。因此，在这个历史节点上，世界需要的是改革经济全球化的机制，而不是推倒重来。

不难观察到，当今世界回荡着谋求改革的声音，而改革尤其需要新的思维和新的模式。作为世界第二大经济体以及拥有成功发展经验的大国，我国应该为经济全球化改革发展提供中国方案。从解决全球化负面效应来看，新的国际经济治理模式，需要顾及社会基层的利益，需要让现代化的基础设施延伸至更多的地区，需要让经济增长惠及更多的民众。

过去 30 多年的实践证明，完全依靠市场机制，很难实现这样的目标。因此，既要继承经济全球化有益的一面，也要进行改革。

从根本上讲，应该摒弃新自由主义思维，树立起"包容性全球化"的旗帜。而这正是习近平总书记提出的共建"一带一路"倡议的核心内涵和精髓；"一带一路"将成为引领包容性全球化的一面旗帜。

记者：您认为，"一带一路"倡议将成为世界经济增长的稳定器和发动机，以及推动经济全球化改革发展的一面旗帜，请问"一带一路"将如何引领包容性全球化？

刘卫东："一带一路"建设是包容性全球化的倡议，至少可以从以下几点来理解。

首先，应重视政府的作用，特别是在维系社会公平和减少贫困方面的作用，而不是依赖市场机制解决所有问题；其次，推崇发展道路选择的多样性（新自由主义全球化只推广一条道路，即发达国家已经走过的道路），每个国家应该根据自身的特点探索适宜的发展道路；第三，强调国家之间发展战略的对接，寻找利益契合点，这并非仅仅满足资本"信马由缰"的空间扩张需要，将让更多地区受益；第四，坚持"开放包容"和"平等互利"的理念，突出"共商、共建、共享"的原则，把寻找发展的最大公约数放在首位，谋求共同发展、共同繁荣；第五，遵循"和而不同"的观念，在维护文化多元性的基础上共谋发展、共求繁荣、共享和平。

因此，共建"一带一路"倡议为推动经济全球化深入发展提供了新的思维，这就是包容性全球化。从历史趋势看，包容性全球化可以视为经济全球化的 2.0 版本，将为世界的和平与发展带来中国智慧和中国方案。或许这就是凯恩斯主义和新自由主义之后新的治理模式。

走出对"一带一路"的认识和理解误区

记者："一带一路"提出三年多来，取得了明显的成果，但是对于"一带一路"倡议仍存在不同理解，甚至不乏一些偏颇之解，您很早就提出要走出对"一带一路"倡议的认识误区，即使现在对于推动"一带一路"建设仍具有现实意义。

刘卫东：我去年年初提出社会对"一带一路"认识的误区，现在这些误区仍然存在，主要有以下方面。

"一带一路"不是国际贸易线路。"一带一路"使用了"丝绸之路"这个概念，这让一些学者和地方官员误以为，"一带一路"建设就是要重建历史时期的国际贸易线路。其突出表现是一些地区热衷于挖掘自己在古代丝绸之路上曾有的地位，如起点、通道、节点等，以期确立自己在"一带一路"中的某种特殊地位。尽管不能完全否定这种认识的现实意义，特别是其"借古谋今"的作用，但很显然这种理解是对"一带一路"使用"丝绸之路"这个概念的误解。

"一带一路"不是单向的"走出去"。尽管"走出去"是"一带一路"建设的重要内容，也是其战略基础。正因如此，社会上出现了一种误解，即"一带一路"建设就是要"走出去"。相应地，部分地方政府部门出现了加速"走出去"的预期，一些企业形成了尽快"走出去"的愿望，个别地方甚至将"走出去"作为政绩来考虑。这是相当有风险的认识误区。

　　"一带一路"不是地缘战略。"一带一路"的出现既有我国发展阶段变化的内在原因，也是过去 30 年国际经济格局变化的必然结果。其中，我国成为世界第二大经济体、第一大制造业国家以及重要的资本输出国，是"一带一路"建设的重要基础。在此背景下，一些学者倾向于将"一带一路"解读为我国的地缘战略。这种认识与"一带一路"的根本理念相去甚远。

　　"一带一路"不是"线状"经济体。几乎每一个看到"一带一路"这个名词的人，都会不自觉地去想象或追问"带"在哪里，"路"在哪里。这其实也是一个误解。尽管名词中包含了线状经济体的直接含义，但"一带一路"是一个具有抽象性和隐喻性的概念，其核心内涵是借助"丝绸之路"的文化内涵打造国际区域经济合作的平台，而不仅仅是建设几条路那么简单。线状经济体仅仅是这个平台的重要组成部分，或者说是其具象的表征。

　　总之，通过共建"一带一路"来完善经济全球化的机制，既符合我国"走出去"的需要，也是让全球化惠及更多国家和地区的需要，"一带一路"将开启包容性经济全球化的新时代。

"一带一路"引领包容性全球化

央视网记者王小英，2017 年 5 月 11 日

三年多来，中国用实际行动向世界证明了"一带一路"倡议能够帮助推动国际经济治理体系改革，推动经济全球化深入发展。

中科院地理资源所所长助理、"一带一路"战略研究中心主任刘卫东接受《央视网》采访时表示，在此背景下举办的"一带一路"国际合作高峰论坛，不仅对推进"一带一路"建设具有重大意义，对世界各国共商摆脱全球金融危机影响之道、推动全球经济治理改革也具有重要意义。

为推动世界经济走出低迷寻找"新药方"

三年多来，"一带一路"建设已进入全面实施阶段，取得了不少重要进展，在国际上产生着愈来愈广泛的影响。

刘卫东表示，共建"一带一路"倡议得到了世界上越来越多国家和国际组织的认同，正在从中国倡议发展为全球共识，不但沿线国家普遍支持"一带一路"建设，而且一些处于观望或视而不见的发达国家也已开始重新审视共建"一带一路"倡议。

"一带一路"是一个开放包容的倡议，欢迎所有有兴趣的国家以适当的方式参与，随着参与的国家愈来愈多，容纳各种参与方式、发展出适合的建设机制，是不容回避的问题。

刘卫东分析，在此背景下，即将举行的论坛也被寄予厚望，期待与会各国能够达成更多的共识，利用"一带一路"倡议提出的新型合作理念和合作模式，深化国际经济合作，为推动世界经济走出低迷状态找到新的道路和"新药方"。

另一个期待的成果是有关各国能够在"一带一路"倡议大框架下建立制度化对话机制，成为全球经济治理的一个新平台。"例如，这样的峰会可以定期召开，未来能够发展成立一个类似'一带一路'建设理事会这样的国际组织，那就更好了。"

此前，外交部就习近平主席出席并主持"一带一路"国际合作高峰论坛相关活动举行中外媒体吹风会上，外交部部长王毅表示，论坛将重点打造四方面的成果，其中包括完善支撑体系和明确合作方向，确立下一阶段双边、多边重点合作领域，制定面向未来 5 年甚至更长时间的合作规划，细化具体的行动方案。

"一带一路"引领包容性全球化

当今世界回荡着谋求改革的声音，而改革尤其需要新的思维和新的模式，作为世界第二大经济体以及拥有成功发展经验的大国，我国应该为经济全球化改革发展提供中国方案，刘卫东说，为此，中国提出共建"一带一路"，用"丝路精神"推动沿线国家的合作，实现互利共赢。

"一带一路"倡议的核心内涵和精髓是包容性全球化，刘卫东表示，"一带一路"建设将成为引领包容性全球化的一面旗帜。

他解释，"一带一路"推崇发展道路选择的多样性，每个国家应该根据自身的特点探索适宜的发展道路，同时"一带一路"强调国家之间发展战略的对接，寻找利益契合点。

"一带一路"坚持"开放包容"和"平等互利"的理念，突出"共商、共建、共享"的原则，把寻找发展的最大公约数放在首位，谋求共同发展、共同繁荣；同时遵循"和而不同"的观念，在维护文化多元性的基础上共谋发展、共求繁荣、共享和平。

"正因如此，共建'一带一路'倡议为推动经济全球化深入发展提供了新的思维，这就是包容性全球化"，刘卫东说，"一带一路"倡议将引领包容性全球化，而包容性全球化将为世界的和平与发展带来中国智慧和中国方案。

追寻"一带一路"之道

——专访中国科学院地理科学与资源研究所刘卫东研究员

《中国统一战线》记者张醒非，2017 年第 6 期

记者：去年 8 月 17 日中央召开推进"一带一路"建设工作推进会，您是唯一一位无党派人士代表和学者代表，与发改委主任、外交部长和几个省的省委书记同台发言，这个情况媒体一报道出来，感觉您一下子就"火"了……

刘卫东：不是我"火"了，是"一带一路"太火了。我作为无党派人士，能够参与建设、发挥作用，当然也是"与有荣焉"。那次会议发言，我就坐在习近平总书记斜对面，没想到会安排我坐那么重要的位置。会后，习总书记又握着我的手嘱咐道，"加强研究"，让我真实地体会到中央对知识分子的高度重视，也更加感受到肩负的责任。

记者：刚刚在北京举办的"一带一路"国际合作高峰论坛，您也去参加了吗？能不能分享一下观感与体验？

刘卫东：我参加了这次活动的开幕式、高级别全体会议、

政策沟通平行论坛、欢迎晚宴和演出。我认为这次高峰论坛是"一带一路"建设近四年来的一个里程碑。"一带一路"倡议得到了世界范围内的广泛认可，正在成为全球共识。很多国家元首都在演讲中提到，"一带一路"建设具有强大的包容性，将让更多的地区分享全球化的好处。比如，巴基斯坦总理谢里夫认为，"一带一路"倡议表现出强大的文化多元性和包容性，为处于全球化边缘的人们提供了发展机遇。法国前总理德维尔潘认为，"一带一路"建设是联通古今、通向未来的桥梁，旨在发展道路上"不让一个人掉队"。智利、土耳其、捷克、埃塞俄比亚等国总统也都表达了同样的期盼。联合国秘书长古特雷斯说，"一带一路"非常重要，能够把世界团结在一起，促进全球化朝着更公平的方向发展。"推动包容性全球化"是这次峰会上各国首脑达成的重要共识。截至论坛结束，我国已与60个国家和国际组织签署了共建"一带一路"的合作备忘录。论坛的成功举办说明，"一带一路"倡议契合世界上大多数国家和人民的期望，也是中国对全球经济治理以及21世纪世界和平与发展的重大贡献。

记者："包容性全球化"，我在您的文章和访谈中见过很多次。今年年初，您牵头出版的《"一带一路"战略研究》，《人民日报》、《中国青年报》、《中国社会科学报》都做了大篇幅的报道，您在采访中也说过，这个课题研究的核心观点就是"包容性全球化"。

刘卫东：是的，"包容性全球化"，我认为就是总书记提出的用"丝路精神"推动沿线国家的合作，也就是"丝路精神＋全球化"，是让全球化惠及更多地区和人民的新思维。中国发起"一带一路"倡议后，外国学者总想搞清楚到底是"哪一带，哪一路"。这是存在着很大的误解。事实上，今天我们使用"丝绸之路"的概念，主要不是指具有固定线路的空间现象，而是其文化符号。它是历史现象＋隐喻，这个隐喻就是我们说的"丝路精神"。它是沿线各国共享的一个文化遗产，是欧亚大陆很多国家共同的故事。因此，"一带一路"倡议首先是一个开放包容的国际合作平台，其次才是重点经济走廊和重点合作园区等。

记者："丝路精神"也是在这次峰会中首次提出来的吗？

刘卫东：在此之前，习近平总书记在外事出访发表的重要演讲中就有多次阐述过"丝路精神"。在这次高峰论坛的开幕致辞中，总书记对"丝路精神"做了一个全面而深刻的阐释。总书记在论坛开幕致辞中指出，"历史是最好的老师……无论相隔多远，只要我们勇敢迈出第一步，坚持相向而行，就能走出一条相遇相知、共同发展之路"，又在圆桌会议开幕致辞中强调，"我们完全可以从古丝绸之路中汲取智慧和力量，本着和平合作、开放包容、互学互鉴、互利共赢的丝路精神推进合作、共同开辟更加光明的前景"，从而让更多外国首脑清楚地了解"一带一路"倡议的根本含义，认可这倡议对于解决全球性挑战的作用和意义。

记者：有关"一带一路"的一些理念和提法，比如包容性啊，相遇相知啊，还有"'一带一路'建设不是中国一家的'独奏曲'，而是各国共同参与的'交响乐'"，对我们期刊的读者来说，感觉就很熟悉，与统一战线的很多理念是相近的。

刘卫东：确实有很多相近的理念。高峰论坛上，总书记强调，"一带一路"建设不搞"集团政治"和"对抗性的结盟"，而是打造互惠共赢的"利益共同体"，共享发展的"命运共同体"。论坛前夕，外交部部长王毅指出，"一带一路"倡议是一个广泛参与的"朋友圈"，只要认同丝路精神，都可以以各自认为合适的方式来参与共建"一带一路"。我个人理解，这与统一战线的理念有异曲同工之妙。"一带一路"建设就是追求共同发展、共同繁荣、共享和平的道路。

记者：您参加的那期是第 20 期无党派人士理论培训班。印象中，您还参加过很多次无党派人士考察团、服务团的活动，还是党外知识分子建言献策小组经济组的成员。

刘卫东：是的，2012 年，我第一次参加无党派人士考察服务团，那次是去云南，然后又去过贵州、福建、吉林、黑龙江、广西、河北，最近刚参加完广东调研。党外知识分子建言献策小组经济组的活动，我们到绵阳、杭州去调研过。

记者：我跟过您参加的几次活动，也和其他随行记者交流过，给您做了一个"侧写"——表情一贯严肃冷峻，谈问题犀利、耿直，也不说"过年话儿"……嗯，我们的党外诤友，有这样一位"冷面王"……

刘卫东：哈哈！我没有那么"冷面"吧？到地方去做服务，总得设身处地、真心实意地为人家出谋划策，解决一些问题。不回避地指出问题，就是为了共同面对、更好地解决。作为学者，保持独立思考，不随声附和，不人云亦云，那才是真的"为党和国家做贡献"。多次参加无党派人士集体活动，我个人也是收获良多，一是在实地调研考察中加强了学习，再一个就是切身感受到参政议政的价值感和自豪感。当然，随着参政议政水平的不断提高，沟通方式还可以更成熟，让人更容易接受。我很喜欢无党派人士这个群体，感觉大家都非常本色。特别是林毅夫老师，一直是我学习的榜样。最近读了他写的回国执教三十年的回忆文章，很有感触……正是因为我们国家有这样一批知识分子，既深入学习、了解西方，又绝不照搬西方，才能探索出一条属于我们自己的"中国道路"。

记者：我们很多基层统战部门、工商联组织都在积极参与服务"一带一路"建设，也组织开展了一系列活动，您能不能给大家一些工作指导和建议？

刘卫东：参与"一带一路"建设，首先是要建立"正解"，避免误读和错误传播。关注、参与是好事，共同为"一带一路"建设营造良好的"生态圈"，也要注意一些问题，不能"拿'一带一路'当个筐，什么都往里面装"。统战部门围绕中心、服务大局，发动广大统一战线成员参与建设，更要在推进舆论宣传工作中注意规范用语，与中央精神和对外口径保持一致。一方面，积极宣传"一带一路"建设给我们国家及沿线国家人民带来的福祉，让大家知道搭乘中国经济快速增长列车的好处；另一方面，也要让大家知道，"一带一路"不是中国政府的工程，而是中国为世界提供的一个全球性服务平台，要靠大家的共同努力才能实现。其次，引导企业参与"一带一路"建设，不仅仅是"走出去"，而是"走出去"与"引进来"紧密结合。什么样的企业适合"走出去"，怎么"走出去"，这是关键问题，我建议不要拔苗助长，不能以"走出去"为唯一荣誉，还是要以在国内升级、创造就业为荣。帮助那些有需求有能力的企业"走出去"，建议组织他们到沿线国家做一些实地考察，多为他们提供有价值的信息服务。